星火文

一個人的Camino

從觀光客到朝聖者的心靈盛宴

Camino朝聖者 陳墾◎著

你的負擔將變成禮物，
你受的苦將照亮你的路。

——泰戈爾

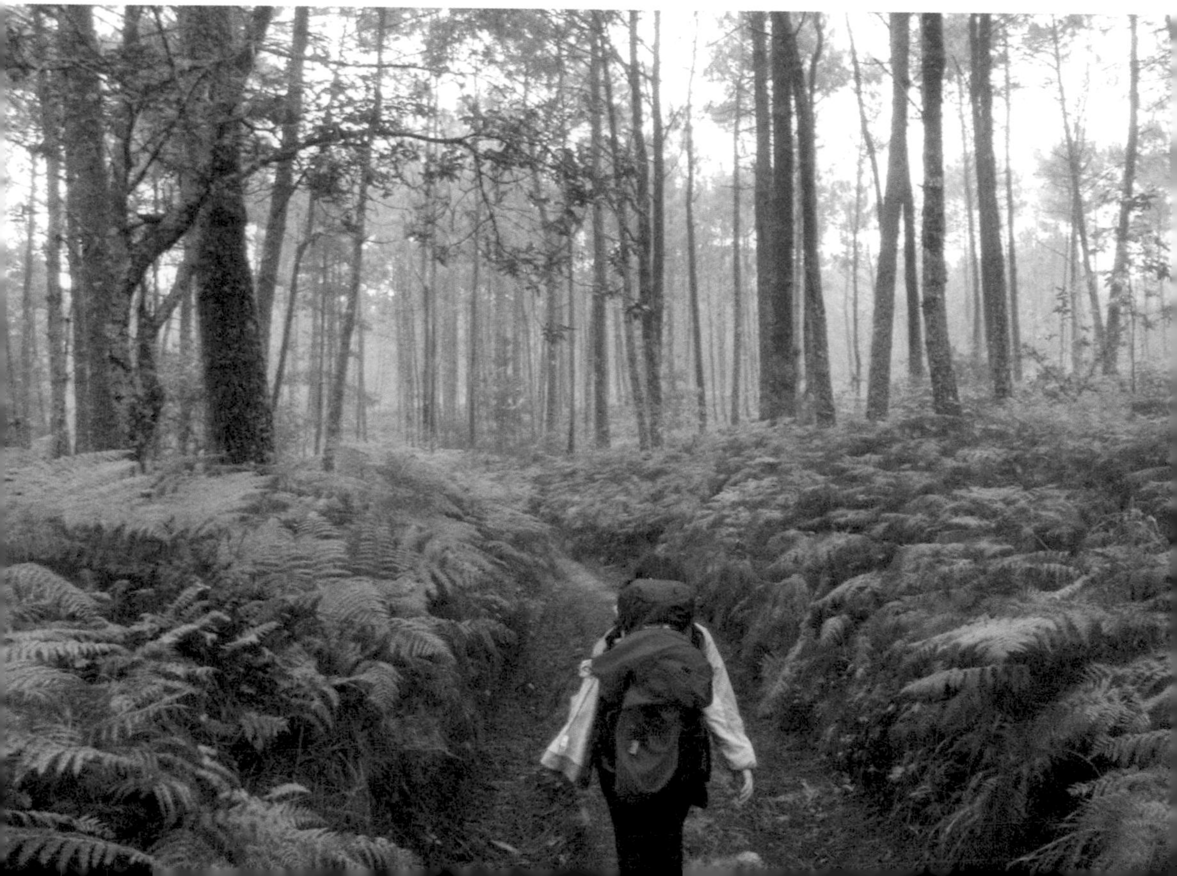

CONTENTS

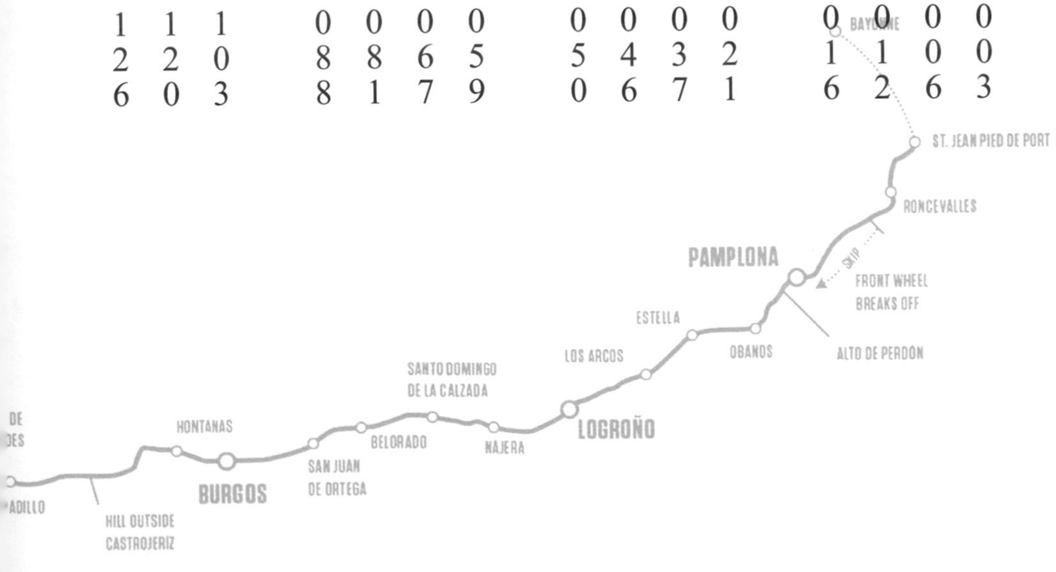

BAYONNE
ST. JEAN PIED DE PORT
RONCEVALLES
PAMPLONA
SKIP
FRONT WHEEL
BREAKS OFF
ESTELLA
OBANOS
ALTO DE PERDÓN
LOS ARCOS
SANTO DOMINGO
DE LA CALZADA
LOGROÑO
NÁJERA
BELORADO
HONTANAS
SAN JUAN
DE ORTEGA
BURGOS
HILL OUTSIDE
CASTROJERIZ

CONTENTS

SANTIAGO DE COMPOSTELA
ARZUA
A BREA
MONUMENTO DE MONTE DO GOZO
PALAS DE REI
PORTOMARIN
SARRIA
TRIACASTELA
O CEBREIRO
VILLAFRANCA DEL BIERZO
MOLINESECA
RABANAL
ASTORGA
CRUZ DE FERRO
VILLAVANTE
LEÓN
EL BURGO

改版序

《一個人的 Camino》再版引言

二〇一八年著手寫這篇文字的時候，第三屆「Camino 朝聖研討會」剛剛在輔仁大學落幕。這場盛會是因著一本書（編按，即二〇一五年一月《一個人的 Camino》初版），而讓嚮往 Camino 的旅人有了一個想像世界，一步一腳印踏上朝聖旅程，遇見「痛苦與愛」的主題。此一意象，我想起一群朝聖者有共同願景的選擇，正如我已隱約嚐到 Camino 給了靈性之路的相遇喜悅。此刻我望向二〇二一年 Camino 的聖年，雀躍於朝聖之路的另一高潮即將降臨。

作爲一位 Camino 的作者，我發現，先行者已賦予「朝聖是愛」的主軸。在我看來，不管這詮釋的歷史有多麼悠遠，卻是當代旅人已失落的追尋；或說，如果有某種意識值得朝聖者亦步亦趨地跟隨，有機會品嘗朝聖生命的核心價值，那麼一趟歷史旅程經過義大利但丁、瑞典聖畢哲、阿西西聖方濟、羅馬教宗聖若望

・保祿二世等羈心絆意的宣示，在某個層面上，毋寧說是爲朝聖者心靈帶來清晰崇高的意象。

聖雅各之路之所以令人憧憬，不僅止於宗教，還有世界文化遺產的意義，堪稱意象中的意象，有時候我們稱此意涵爲「人類之愛」，爲不能親去 Camino 而惆悵的旅人而言，對這條路也有祕而不宣的想像。如今，Camino 繼續發展出一個更重要的訊息，顯示旅人不辭辛勞的千里跋涉，最終何以會很起勁愛上一條路。

你報名了沒？
2016 －2017－2018
第三屆 Camino-朝聖者研討會
3 大主題 7 位朝聖者
共同分享 歐洲聖雅各朝聖之路
《走在痛苦與愛的路上》
輔仁大學 羅耀拉大樓
4／21 10:00-15:00
報名信箱
camino2021@hotmail.com
二〇一八年朝聖者研討會海報。

或許，便是這番熱愛緊緊扣住連續三屆朝聖研討會的探尋，喜的是，那親切引人的西班牙天空，吸引愈來愈多的讀者參與描述朝聖古道，憂的是，對於 Camino 的實踐追尋，仍然有人困頓難以成行。

每一屆朝聖研討會都締造了高峰，我還記得有不少讀者隨後圓了朝聖夢想，一群人走上 Camino 留下足跡，歸來後也不停歇的分享論述。想來，千年古道最讓人吃驚的感覺，莫過於朝聖場域足以讓「愛」的繆思，化爲心中追尋的神聖意涵。仔細說來，二十一世紀的朝聖已指向某種虛擬眞實（virtual reality），不管一個人的朝聖行多令人驚歎，無論旅人或朝聖者的品味怎樣大不同，那無處不在的信仰美學，千年古道的神祕感始終不變。對台灣的旅人而言，短短幾年，朝聖風潮陡然崛起，竟然有那麼多的應用新科技與資訊創新，行走的方便性驚人地輕鬆眞實，身在台灣的我則是一遍遍望「網」喟嘆。

有人欣喜於前述的朝聖＋旅行新潮流，正逐漸開啓千年古道與人類文明的新文化，我也同意這是朝聖旅人傳遞信息的大時代，特別在人類文化遺產這板塊上，呈現史無前例的大文化交流。想想，聖雅各之路在歷史上走了這麼一大段之後，我們得以在這時代學習觀看先行者的腳步，觸摸起更加深刻和令人興奮的西方文明，同時精準接受一項文化體驗。默默存在的千年古道，一旦響起震撼百年的新詮釋，我們實在難以否認聖雅各之路對人類歷史帶來多大轉變。我相信，這是上天給這時代的旨意，無論方向爲何、形式如何的改變，在風中欷欷然的，仍是叫人驚奇的 Camino 故事。

眼見台灣逐漸興起的 Camino 潮流，筆者從體驗者到見證者，又從見證者過渡到報導者，一面看著別人的足跡，一面想著自己的模樣，當心中充滿期待，自己願意違逆旅行中的享受，守住克苦克難的腳步，於是心悅臣服；當心中被不同朝聖者充滿祝福時，在那通往靈性之路上，我體會那神祕禮物帶來的喜樂。也許，這種心情算是一種許願，一種祈禱，我總是安靜等候，期待以最簡單話語面對 Camino 的沉吟。這種種遇合交會，我知道我並非以人的感官旅行，而是歸返了自己的心靈路，如能瞭解那痛苦與愛的腳步，我好想以文字沐於其中，迂迴婉轉書寫一本書，鋪陳 Camino 回憶，爲那些可見與不可見的事情，逐步描寫現代朝聖者與千年古道的新對話。

隨著這一本書，我重新看見讀者對 Camino 的獨有深情。然而，有些朋友口中的「朝聖」兩個字說來有如初見，加上旅行采風成爲焦點，一夥人的朝聖就格外成了一種新穎的作派。我思量「朝聖」原本是可使心靈昇華，卻在過多的享受理論，摻雜一些奇思妙想的捷徑走法，以及旁門左道的旅行傳聞擴散，一場朝聖邀請，一不經心成了一路水中撈月，那就可惜了。

其實，中世紀過去所言說的朝聖路，今日彷彿成了東方人探訪西方的旅遊路，說白了，成了「旅遊」與「健行」路線。或許，某位作者的朝聖抒發曾留給讀者不少想像，我相信，這是累積了許多可敬朝聖者，風塵僕僕經歷大地之美的春雨夏花，或漫漫古道的秋風冬雪。如果你是樂向大自然舉起一面鏡子的旅人，那麼聖雅各之路光彩活躍的一面，就是值得追尋的鏡子。我相信，不管旅人的行動是朝聖探路或只是尋訪一趟歷史野臺戲，或是想尋找靈修素材，抑或思忖神學的永恆國度，此一神聖特質就是在其中，它與一步一腳印契合，它來自大地之美，若要堅持背負著無神論行走，恐怕腳步會沉重不堪。就像中世紀一樣，這樣一種意境，始終混雜著難以描述的文化內涵，先行者是先被一種苦難感動，然後，自己才以更深的智慧，探求人神之間的存在奧祕。

一本朝聖寫作，得以再版敘述聖雅各之路，那一切原來可知的內容，筆者不敢自鳴得意。今日再添上幾位朝聖者描述的 Camino 新面貌，她／他們邊走邊看的朝聖佇足，展現不同氣質的朝聖品味，他們與這本書存有一種回應的關係，更帶回來從蜿蜒法國之路的不同采風。然而驚奇的是，一條千年古道內蘊，牽扯著朝聖者上上下下的境遇抉擇，不管內容怎樣，原是這麼大方賜給朝聖旅人。這些跨越歷史時空共同建構朝聖生活的情味，不僅僅是引入一種神聖氛圍的融會神通，它有另一重更爲美麗的面向，就是賦予朝聖者注入文字記憶的心靈對話。

如今，我且相信，隱而不顯的 Camino 逐漸升溫，正隨著台灣對聖雅各之路的主題，大方給讀者、也給未來朝聖者深切的視野。我相信，此一再版文本可以留下歐洲第一條文化之路的邂逅，對未來朝聖者恰是中世紀第三大朝聖地的溫馨請柬。

陳墾　寫於二〇一八年十一月六日

推薦序

另類西遊記

陸達誠神父

玄奘法師於七世紀時去印度取經，他沿著西域諸國帕米爾高原，在異常險惡困苦的條件下，以堅韌不拔的英勇氣概，克服重重艱難險阻，終於到達天竺。後人不斷歌頌玄奘的壯舉，認爲他是有宏志的宗教人的典範。

近讀陳墾先生新書《一個人的 Camino》，該書記述他從法國邊境步行至西班牙西端聖地雅各・德・康波斯特拉的故事。這是一條長達八百公里的西歐朝聖步道，用今日交通工具，一、二天就可抵達，但作者背著大旅行袋跋涉長途，終於達到目的地。或許我們可以把他和古代大僧做一比較。

玄奘出發時已是僧人，而陳君起程時還未信基督呢。行行復行行，美麗的大自然、友愛的同伴和莊嚴的教堂使他碰觸到了超自然。走完全程，他不會離去了；他不單愛這條路，他還愛上了啓發他走此路的基督。從本書的字裡行間我們可以看到他心靈的演變，很像柏拉圖在「愛的饗宴」從山麓拾級而上的求道者，逐級超越了塵世的一切有限美善，終於登上「至善」的山巔。陳君的朝聖路是同樣立體的，他一直在往上爬，他的心靈與神不斷地契合，而完成了一次非塵世的壯舉。這是他朝聖的特色，值得一切宗教人取法。

書中有不少有趣的故事、對話、笑話、神話……，令讀者興趣盎然，不忍釋手。

一次，他同二個西班牙女生結伴而行，在泥濘山路走了一整天之後，到了一個庇護所，門外寫著：「入內請先洗腳」。此時大家汗流浹背，累到不能動彈，都坐在路邊休息。

「Bárbara 隨即帶著聖母似的慈心接收我泥濘的雙腳，她很堅持的說要幫我脫鞋，並洗淨我的雙腳。我知道，我再無法拒絕像她們這樣虔心的朝聖者，我猜想，可能也沒有人能應付這種既甜又澀的突發狀況，只是我有點尷尬，更不知如何是好。」

作者隨著反省說：「東方人一向有隨遇而安的從容慣性，我只好乖乖接受她彎起腰，默默不語地洗滌我的腳丫子，有如一種儀式中的靜默，我好奇地凝視她捲起衣袖時，所懷有的喜樂和謙卑的重量。……多年後，我總算在神學院聽見記憶的回音，那是當時一個非基督徒所無法體悟的洗腳的神聖性。」（頁65）

眞的，這種謙卑的服侍對天主教教友來說，可說司空見慣，因爲每年在聖週的禮儀中，主祭神父，不論他是教宗或主教神父，都會效法耶穌在最後晚餐中給門徒洗腳。二〇一二年筆者在高雄聖文生堂參加聖週禮儀，目睹患末期肺腺癌症的單國璽樞機雙膝跪下給十二位平信徒洗腳。耶穌不乏傳人，但爲陳君來說，這是他第一次目睹耶穌藉祂的門徒謙卑和愛德來對人類啓示祂的價值觀。

另一次，有位義大利籍的 Maria 在一個小教堂裏，用異語爲作者祈禱。她「唸起一堆咒語似的拉丁語」，像個有權威的神父在他額頭上畫了一個十字符號。這是作者第一次與十字符號有所接觸。接著，她向他說：「一位朝聖者，他所做的事是將朝聖的愛栽入人的靈魂裏，而且必須依靠懺悔的力量才能圓滿這項使命。」（頁72）她勸陳君閱讀聖奧斯定的《懺悔錄》，因為這本書能給朝聖者大量的內在補給。

從這些談話中我們多少可以窺聞到朝聖者旅途中的交談內容，他們在放鬆而有目標的行進中，因聖神的默導而交流許多非文字能傳遞的道理。許多人因此獲得了信仰或悔改重生之恩。他們的精神得以充電，心靈具有方向，對神聖事物的吸引力更敏銳，也更渴望度與天主結合的生活。

我稱本書報導的是另類的「西遊記」，實因他從歐洲西端帶回來的不是要翻譯的洋書，而是活生生的靈魂經驗，每一位讀者都會受他感染。

陳先生文學造詣極深，文字流暢，加上許多風趣的故事和精美的圖片，可讓讀者閱讀時毫無困難，欲罷不能。

對異國有浪漫遐思的朋友都該人手一冊。

本文作者：陸達誠神父，耶穌會士，法國巴黎大學哲學博士。輔仁大學宗教學系創系系主任，並職掌耕莘青年寫作會逾三十年餘。關於祈禱、靈修等文章，常見於天主教會內各刊物。二〇〇六年教授職榮退，現留輔大兼任教職，並任耕莘青年寫作會會長。

作者序
神聖的相遇

現代人對觀光旅行已不陌生，對朝聖行旅①卻仍停留過於簡單的信念。旅行的理由可以很多元，而朝聖的序曲每每充滿單純的渴望。旅行，確實可以幫助我們探索人與世界的關係，而朝聖可以傳送予人神聖空間的感覺。對現代人而言，出國觀光是買一本旅遊指南，欣賞風景，品嚐美食，蒐集紀念品，著迷於消費與精品的共同愛好，這種移動旅行的風格，把旅行者送到遙

1. 基督宗教朝聖的起源，源自舊約聖經時代，撒慕爾紀、列王紀、及其他許多地方都有記載。最重要的一次朝聖，是達味國王將天主的約櫃，一路從猶大的巴阿拉運送到耶路撒冷，沿路祭拜、讚美上主。約櫃安置在聖殿後，以色列人民按法律應在每年的三大節日，即逾越節、五旬節及帳棚節前往耶路撒冷聖殿朝聖。

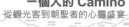

遠的國度，多半時候已失落精神主題，人完全闖入物質世界，自由地享受與擁有。然而，朝聖卻少了這種激情，遠走他鄉的自我要求，對物質享受的卑微也少一些厭倦，接著在婉轉的行走中，心靈的神聖性得以交織在世俗的框架上。

在近代人的心靈裡，這兩種行旅雖然看似遙遠，但還是有其吸引力。只是，旅行與朝聖經過世紀的狂熱包裝，人世俗的雙眼並未闔上，兩種行動不斷變形相互滲透，似是虛假，各有各的沉思。此外，旅行的通俗性與朝聖的神聖性，兩者有了一些模糊的相似，都能讓人心裡帶來欲望與刺激；不可思議的是，當今朝聖與旅行的共融性，雖然逐漸跳出宗教的框架，卻又製造商業主義的恍惚架構，世俗的腳步，往往讓人有一種識曾相似之感，心底總有說不上來的誘惑與神祕。

聖雅各之路（El Camino de Santiago②），自古以來就是個跨帝國世界的旅行。現代科技文明下的朝聖是一種新世代的旅行方式，每一次旅行可以輕易轉換成自己想像的國度，然而中世紀文化中的朝聖行動，在我內心還是強力地衝擊我的朝聖想像，只是因爲價值改變了，時空也改變了，處在新世代的朝聖者，因此有自己的路，有自己的放下，也有自己的不捨。對遠方而來的朝聖者而言，這一路上不僅有數不盡的傳說，令你不禁好奇想聽，還會有獨特而令你難忘的人神會遇。

回想當年的歐洲觀光之旅，到了歐洲卻未及認識聖雅各之路，未能細細端詳它

2. El Camino de Santiago 是西班牙文，簡稱 Camino，是從中世紀以來，由歐洲各地走向聖地雅各（Santiago de Compostela），瞻仰耶穌十二宗徒之一的聖雅各（St. James）的朝聖之旅。

的面貌，是一個遺憾。其實，生命中有好幾次的歐洲旅行，充其量只是停留於一種奢華的行程安排和消費文化的欲望享受，歐洲太大了，大到沒法兒細細察覺它，所以我才敢說，人是會故意忘了歐洲另一種精神文明的學習。我知道，當年這種錯身而過的斷裂，是我不經心留下的。從中世紀以來，人類朝聖的行動概念，跨越文明的進化，及至現今理性時代的旅行移動，人類享受著科技的方便性，及高度物質生活的延展性，旅人一旦來不及凝望精神文明中的神聖，那一回頭，註定要守候到今生，才能與它會遇。

多年的旅行，後來演化成個人自由行的新旅遊。二〇〇〇年我再次單獨來到歐洲，我仰起脖子，四處打聽著西班牙與法國邊境地區，傳說中的「一條朝聖古道」。在那裡，聽說有中世紀很美的建築遺跡，仍流動著中世紀的血脈，保留著古老傳統，風景令人驚嘆；還有狂野的自然景致，竟與中世紀的石頭文明有著迷人似的調和。這一切，蘊藏在一條古道上，留予世人的則是腳下珍貴的世界文化遺產和難以想像的夢幻，任何想行走古道的人，只要仰賴著兩條腿，一步一腳印，就能在聖地雅各朝聖路上找到神聖的相遇。

後來，我不停地辨認所打聽來的「好消息」，當我弄清楚一切，我還吃驚地問起自己，我並非基督徒，也不認識聖雅各③（St. James），何況我從未看過他的圖像，也有了一點年紀，爲什麼也想「朝聖」？

3. 聖雅各，耶穌十二門徒之一，西班牙文寫做 San Jacob，發音更接近《中文聖經》的譯名雅各。耶穌所揀選的宗徒當中有兩位雅各，聖雅各之路的主角是大雅各，他是耶穌的宗徒中第一位殉道的，他和聖若望是兄弟。

朝聖者行走大地之美。

奇怪的是，我還是有了追逐朝聖的起步。我又一次驚訝地東想西想，隱隱約約的，影影綽綽的，總之，我一路在疑心、摸索、傾聽、喃喃自語。我明白了。聖雅各朝聖之路，歐洲的年輕人大都認得它，尤其以行走此路為榮，他們選擇這條崎嶇之路，走出他們自己的成年禮。歐洲各民族的人，不分男女老少，背起簡單的行囊，從四方朝向西法這條路，任由無常的環境處置。如今，行走 Camino 已成為歐洲文化的一種傳統，一種文化習俗，一種跨越宗教的旅行方式，一種生命洗淨和靈修探索的生活藝術。

不管你從何處開始觀看，「朝聖」的意義與地位，今日已非同小可。因此，在當今的歐洲社會，聖雅各朝聖路的動機、欲望、需求的概念與旅行文化是相互連在一起的，呈現出豐富多采的樣貌，宛如一座人文風格花園。朝聖者在出發前，不妨瞭解「朝聖」與「旅行」的文化對觀，做好功課，進而問問自己，爲何要走 Camino？

人的一生猶如一場朝聖，你我同爲朝聖者，也許幾年後，隨處漂流的人生世界裡，處處即是宗教聖言道法的沉澱，在那數不清的信息中，有一條路是可以讓人安靜地走進去，細數無數的驚奇感，然而哪怕這一條路，能爲自己的心靈找到祥和的出口，也總算是一種慶幸。

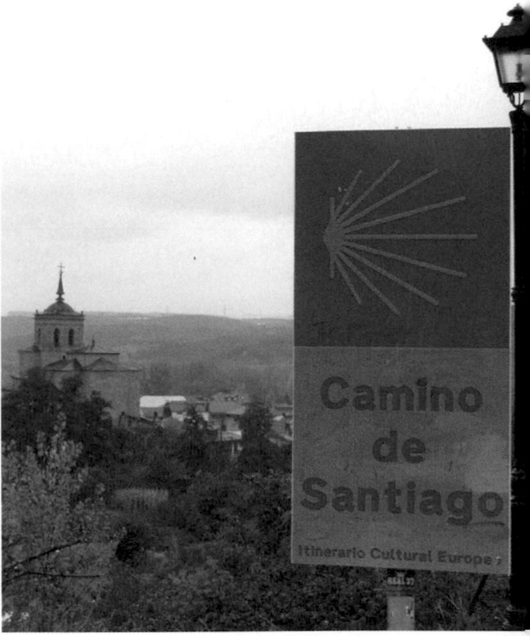

歐洲文化之路：聖雅各朝聖路徑指標。

I

資深導遊的第一次朝聖

二〇〇八年第一次歐洲朝聖旅行，我花了很長的時間先在歐洲旅行一圈，再從布魯塞爾出發，踏上聖雅各之路（Camino de Santiago）的朝聖。我的計劃是從比利時布魯塞爾機場（South Charleroi Airport）轉機到法國波城（Pau）機場，這是銜接聖雅各「法國之路」的捷徑，當年的旅遊書中寫到，這裡算是距離法國聖雅各之路起點最近的一座機場①。不過，抵達波城的第一天，朝聖行程就意外出槌，戛然而止。

當天真是何其巧，遇上法國大罷工活動，幸好波城機場的計程車沒加入罷工行列，最後我與波蘭來的兩個朝聖者共乘計程車到波城火車站。機場離市區七公里，車資一口價二十五歐元。

來到波城火車站，它的外觀很古典，大廳貼著「全線罷工」的大字報。「我的天啊，怎麼會是今天？」這碰遇突如其來，驚訝中我只好隨遇而安。只見拖著行李箱的旅人一個個走出車站，我試著追問罷工何時會結束，「預定下午五點吧！」櫃台人員用很生硬的英語笑臉，回答眾人的焦慮。然而這場突來的罷工，卻給我一次意外的尋訪之旅。火車站離波城市區不遠，我遂興起探索的興緻，像是過境的旅客，背著行囊當起觀光客，驀然發現波城有著挺悠哉的氛圍及傲人的傳統。

1. 近年來西法邊界地區的比亞里次（Biarritz）增加廉價航空機場，靠近巴約訥（Bayonne），也是另一處便捷的選擇。

波城街頭，歐洲二次大戰紀念碑。

一五五三年，這個城誕生了一位偉大的君王——亨利四世，他赫赫叫的功績在法國歷史上留有一席之地，難怪值得法國人深刻懷念他。歐洲文明史中有三個國王（波旁王朝亨利四世、瑞典國王貝納多特和丹麥國王蒙珀扎特）都誕生於此，這城市有著王朝的人文薈萃，不但豐富了庇里牛斯山下這座花園城市，更獨特成就波城擁有「國王之城」的美譽。我因罷工滯留於這座城市，朝聖行程之外的走馬看花雖然只是四個小時，驚喜中卻認識了這座不起眼的小城市，意外地帶來一種滿足感。

下午五點我走回車站，得知只有往東路段恢復通車，往西前往聖祥・皮耶德波（Saint-Jean-Pied-de-Port）的路線仍然掛在空中。

下午六點鐘，罷工仍未了，一群等候者不慍不火緊盯住看板，沒料到SNCF（法國國家鐵路）好貼心，派來大客車緊急輸送我們這批西線滯留者，唯終點只到另一個就近的轉換點巴約訥（Bayonne）車站，無奈中也無可選擇，就這樣，又來到另一個陌生城市。此時已近晚間八點，最後一班開往聖祥・皮耶德波的車也沒了。

接下來又一次驚嚇，無助地被擺放在一個陌生城市。我不由得走訪附近的旅館，趕緊尋找落腳處，託罷工之福，此時各旅店老早掛起了「客滿」牌，睡車站應該就是我今天最終的選擇了。我原想事情就是這樣簡單，孰料才定下神，放下背包坐了下來，旋即被警察大人盯上，我聽見一個嚴酷而尖銳的聲音對著我高喊：「Sir！」，開場白就在這車站中冒出來：「今晚九點打烊，旅客不可滯留車站。」他指指外頭，我有點傻眼，沒想到接下來發生的事，竟是落得被趕出車站的窘境。第一次在國外撞見不給旅客隔夜候車的怪事，心底真是怪無奈的！

後來打聽到有個露營區，卻遠在五公里之外，此時天色已暗，這一片生疏之地，令誰也不敢冒然摸索，真不知如何是好。我孤伶伶一人坐在車站階梯發愣，這時，一位好心的阿婆過來，看著我一臉無辜，便用她慈祥的手勢指出前方一間小旅店，叫我試著問看看，但是，明明看到此店門口已高掛「客滿」牌，我滿懷疑惑卻又不想辜負她的好意，只好牽強打起勇氣，叩門問起店老大。原想試圖詢問是否可以在餐廳來杯咖啡小坐休息，等天亮搭乘明天一大早的班車，沒想到經理人打量我一番，「你是朝聖客？」果然好眼力，一眼看出我的朝聖疲憊樣，「如果想過夜，四樓頂還有一間小單間，不過沒衛浴，如果你不介意，房價二十五歐元。」我不敢置信，突然冒出一個「空房奇蹟」，店經理站在櫃檯等候，比出「四」的手勢，我拿著鑰匙上樓，確認之下，總算有房，顧不得心底這個謎團，我旋即下樓，眉飛色舞地付錢。

過境停留波城（Pau）購物廣場。.

SJPP 朝聖者辦公室。

勒波耶德爾雨後泥濘的路徑。

午夜時分，我好奇地坐在油燈搖曳的窗口，回想今天的一切真是難以分辨，老覺得所有的困頓都來不及解開，或許我真是累垮了，哪會介意有沒有衛浴呢？今天儼然就像個窮途末路的旅人，我心底直打哆嗦，莫非有一種「旨意」引領著，否則怎有如此巧合？懷著忐忑不安的心，我默默合十感恩，做了生平的第一次祈禱，那是出發前，臨時從女兒身上惡補學來的朝聖守則——出外凡事多祈禱。如今庇里牛斯山離我不遠，我想著，明天一早就可抵達起跑點聖祥・皮耶德波（簡稱SJPP），朝聖路即將飄揚而來，沒錯，就要開始做個朝聖者了。

缺乏線索的人生功課

回想當年，網路資訊尚未如此方便，我的第一趟朝聖也無法從有限的資訊中找到指引。事實上，我在出發之前並沒有好好認識聖雅各之路的種種，就匆匆上路，全憑著冒險之心而忘卻害怕之情，其中所經歷的一切，就如同朝聖路隆塞斯瓦耶（Roncesvalles）庇護所牆上的一段話：「當你踏上聖雅各朝聖之路時，你不要害怕迷路，因為一旦走丟，天使會找到你！」

就在這趟朝聖之旅成行前四年（二〇〇四），我曾在西班牙火車上巧遇一位香港朝聖者，藉由她真實走訪朝聖之路的經驗與分享，奇妙地認識了聖雅各之路的徒步挑戰。她在朝聖回程與我相遇，口傳了一些蛛絲馬跡的資料，我知之不多，卻很震撼。她說，她也是既無地圖窺探全貌，也無資訊查看庇護所，腦袋一片空白而且充滿無知的匆匆上路。就是這樣，生平第一次以完全不同於旅行的朝聖方式，走在一個完全陌生的山林路，或許是初生之犢不怕虎，帶著傻勁，背起大包包進入森林，以一種過度自信的態度觀看朝聖之旅，不管是風是雨，一步一腳印走過一村又一村，在空曠的空氣中追尋一段對話。

她的口傳比文字的力量強烈許多，她的分享累積我對朝聖之路的一份渴慕，我知道自己已被 Camino 俘虜，使我整整沉思四年；我不想以我的瘋狂打擾任何人，而以難忘的方式尋求我心目中的朝聖之路。如今我來了，我能做的，就是努力走路，寬心的對看沿途教堂，小心跟著人家走，謙遜開口請求別人協助。在那路上，主體的體驗和客體的觀想只是不斷走路和休息，不需要太多言語，就得以捕捉各種各樣的影像與感受。我信任沿途的黃箭頭，每天像「拼命三郎」地走完一段路，累了就發呆。每天晚上有很多人與我一樣，用功地寫日記，我們默默彼此對看，只是在這樣的房子裡，如何鬆開自己，看見另一個世界，這是我的人生課題。

遊歷全世界，抵不過一條朝聖路

在通往聖地雅各路上，我邊走邊想，思考如何走，如何吃住，重要的是我如何看，如何想。西班牙擁有世界文化遺產及古羅馬遺址，從教堂到古橋、從城堡到

（由左至右）韓國、奧地利、日本、台灣朝聖者在庇里牛斯山麓。

修道院、從山林到庭園，傳說中的聖雅各之路究竟有何魅力，讓世人始終存著想像力的仰望？那是我的目的，也是我所渴望的不一樣的深度旅行。事實上，「很少有深度旅行能像聖雅各之路的朝聖，更具大眾化的深度」，連奧地利來的朝聖者也會這麼說道，我實在感到好奇。

他是一位旅行經理人，也是我在朝聖路上唯一遇到的同領域朝聖者，他讚嘆地說，朝聖古道上的世界文化遺產、西班牙與法國境內的羅馬式教堂、哥德式建築、巴洛克建築，宛如一處風格花園，一次完美呈現。這一切美景，讓他不必坐在不舒服的巴士上穿梭，也不需要過多的包裝，只需要自己純樸天真的雙腳行動，整個行程心

靈飛揚，而且還有拯救靈魂的效果。所以，他每一年的休假就是拔腿行走西班牙的朝聖路，至於其他那些豪華旅店、美酒咖啡的享受，他都不怎麼關心。他獨具特色的語調和肢體語言，常把同行的韓國妹（下左圖）逗得哈哈笑。

他在朝聖路上行走，常常一個勁兒不發一語，他的雙腳行動很是輕快，已走過北方之路，法國之路②則是走第二次。我忍不住問起他是否迷路過，他的回答很妙：「這種宗教之路，簡單易行，一切都靠著黃色箭頭與貝殼標誌，循著指示的路線走，就不會迷路。」此人似乎特意點醒我們這兩位從東方來的朝聖者：過於擔心的思考，大可不必要，因爲「一切太方便了！」。至於這條路如何無視於世紀的更迭，依然得以

韓國妹的歡呼！

庇里牛斯山麓的羊群。

2. 歐洲各地前往聖地雅各的路徑有非常多條，詳見附錄（頁二五九）。

保存優美的文化本質？他說，「只要隨著歲月足跡探訪聖雅各之路，你就不會懷疑它的本質」。最後，韓國妹對著我露出困惑的眼神，搖搖頭說：「我仍然參不透他的境界。」這位奧地利的朝聖客用響亮的聲音，毫無虛飾的補上一句：「若不是我參與這趟路，我將不知如何仰望天空。」忽然冒出的這句話，讓我更詫異地望著他，我躊躇了片刻，轉念想問韓國妹，卻看到她滿身是汗，直對我搖頭，這一路上她已換了兩件運動衫，不知是受不了那暑熱的煎熬，還是她仰望的天空太酷熱？

我與韓國妹繼續前行，沒想到一進到羅蘭山谷，整個林間便漫起一陣迷霧，環繞整個樹林，不僅我們無法看清四周，更看不到天空，一股憂鬱從由衷而來。我想起奧地利朝聖者的話，此刻我眞不知如何仰望天空了。幸好這股迷霧持續只有幾分鐘時間，我們終於逃出山谷，直到隆塞斯瓦耶才讓自己平靜下來，這時已經下午七點鐘。那一天，我整整走了十二小時。

你從哪裡來？

從庇里牛斯山山麓前往潘普洛納（Pamplona）時，我在橋邊結識了來自丹麥的朝聖者。記得她在換下濕漉漉的運動衫前，要我先幫她拍一張自己在朝聖路上的狼狽樣，我們用美式英語打開話匣子，她好奇地問起：「你是日本人嗎？」我搖頭，「韓國人？」我連續搖搖頭，我正好奇等待她的下一道猜謎，她卻笑而不

（由左至右）丹麥、韓國、台灣的朝聖者。

問，「Taiwan!」韓國妹幫我先招了。現在，她馬上毫不猶豫地說：「Oh! Taiwan is China.」我仰望天空，感覺到一種委屈。我的地圖與她的地理觀顯然強烈不合，我費了不少勁，整頓她的腦海，躍過台灣海峽認識我的國家。坐在一旁的葡萄牙朝聖者探過頭，馬上接著「Formosa」這個詞，這下子，打動了我的心聲，我不知是要搖頭或點頭，只好會心一笑。來自義大利的夫妻檔最可愛，似乎想不通我的「Taiwan」究竟在地球上的哪裡。

就這樣，一個橋頭上相遇的開頭話題——「你來自哪裡？」的圈環，漫不經心地在手上轉動。「Taiwan is not China.」，沿途閒聊時我不知重覆說過幾遍，意外之下竟變成廣告詞，連著幾天不斷地播出。最後，義大利夫婦倆乾脆用起根本的辨識法——爲我起一個新名字「Taiwan Chen」，驟然讓我清醒過來。當有人仍問起「你來自哪裡」時，他們夫妻就義氣相挺主動替我答腔，我省得再一次播報。事實上，每到一站庇護所登錄名冊時，工作人員都得問塡國家資料，第一次聽到我說「Taiwan」時，十之八九總是額頭三條線，接著冒出一句「Where?」我就料到，無論如何，對話的主題一定會被轉回去，又再次重演國籍問題。

當我明白，我必定要在我的原生國家定位的纏結打轉時，然後才能看見自己那一種不停的辨認，我知道，我的態度永遠是謹慎的。有一天，我會在每個庇護所掛上中華民國國旗，讓這條路上的朝聖者開心地認識那遙遠的地方。

| 在薩阿貢（Sahagún）庇護所驚見中華民國的國旗。

| 來自各國的朝聖者在庇護所一起用餐。

II 細數聖雅各之路的一頁滄桑

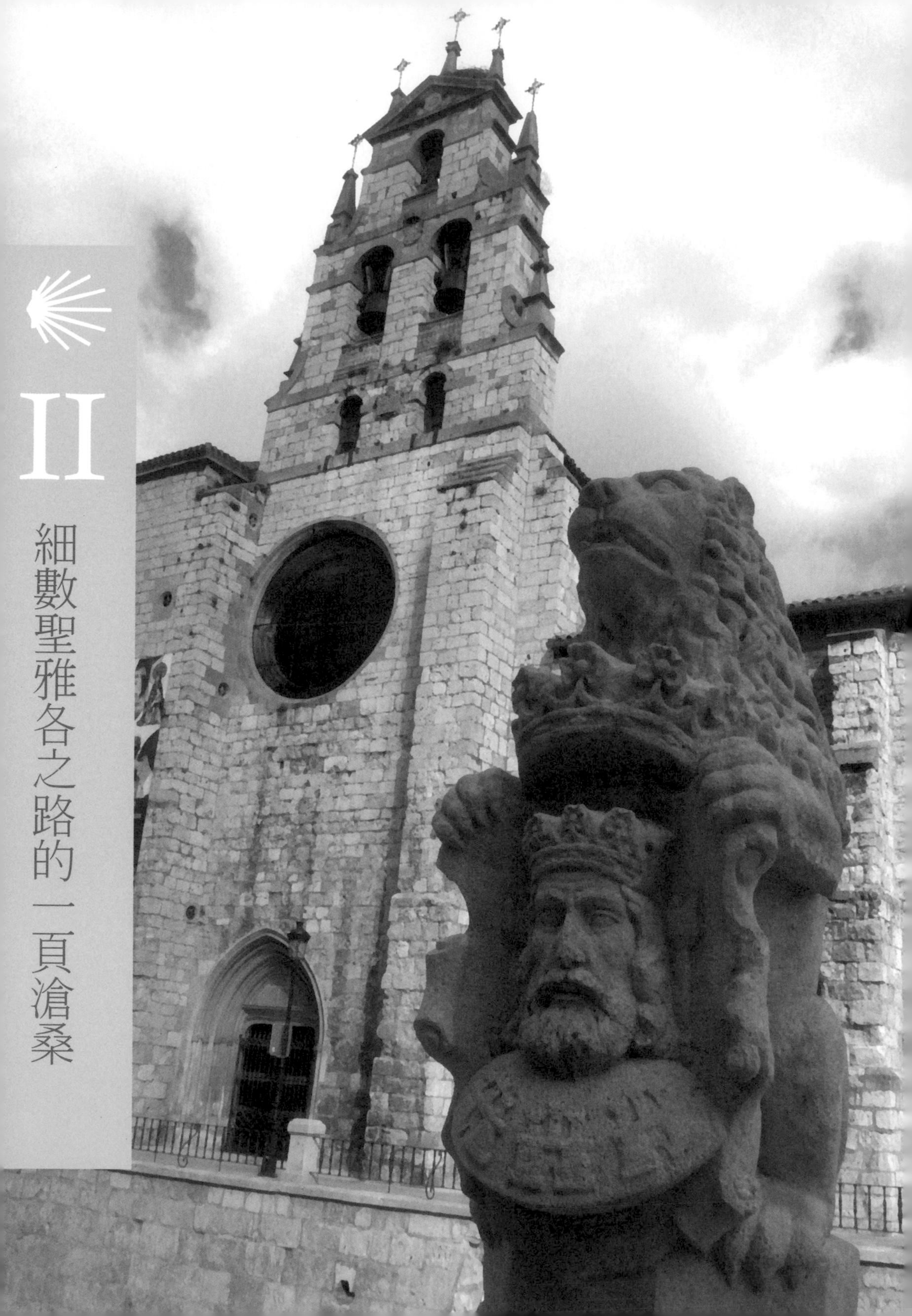

越過庇里牛斯山朝聖者沿路常見的馬群。

人的道路，是人類自己走出來的，朝聖之路，也是如此。自中世紀以來，「朝聖」存在於一個熱衷贖罪、追求信仰的時代，是現代基督徒尋求信仰心儀的紀元。朝聖者千里足行，只爲尋找一個永恆的生命基礎，他們憑著基督宗教的思想涵融人生的宇宙論與世界觀，悠悠徙行於天地之間，既充滿想像，也留著疑惑。

今日，無論你信仰什麼宗教，或是什麼宗教也沒信，在這條路上的朝聖者與旅行者，心靈是相感相通的，他們曾用這些歷史足跡撫愛彼此，相形之下，你的天與我的地是泯然合一的。當我們展顏忻慕聖雅各千年古道的風貌時，同時也面臨著用什麼視角，來一趟千年朝聖之路的考驗。

回顧歷史，探看先行者的足跡，他們不在我的生命裏，只在我的想像裏。想像的背後則隱藏了一個歷史中告別與重臨的故事……。

西元八一三年，聖雅各使徒的遺體在西班牙被發現，接著聖潔者阿方索二世國王（Alfonso II，791~842）在聖地雅各（Santiago）爲他興建第一座教堂，直到西元一一三九年，歐洲第一本聖地雅各的朝聖指南①問世。多虧這本書喚起聖者影像，逐漸引領歐洲朝聖者追隨傳奇的腳步，於是聖地雅各躍升爲中世紀除了耶路撒冷之外，無可匹敵的熱門朝聖地。在中世紀的宗教脈絡下，人們的虔誠信仰化爲具體的行動，朝聖人潮進一步將聖地雅各推向高峰，開啓另一項歷史進展，鞏固了歐洲基督王國。

十五世紀時期，歐洲在黑死病的肆虐之下，人口頓時大量減少，朝聖熱潮迅速消退，聖雅各遺體更因著英西戰爭而宣告失蹤。一直到了十八世紀，種族結合的腳步無形跨出，朝聖路從歷史中沉睡、衰退、隱形，而後復甦，再度開始面對熙熙攘攘的朝聖人群。

當西元一八八四年教宗良十三世（Leo XIII）宣布聖雅各遺骸重新找到時，朝聖的旅程在信仰與思考的渴慕下再度興起，一股激盪不已的熱情洄游來自四面八方，一波波的朝聖者再度匯流於聖雅各之路，勾勒出一幅驚人的信仰意象。朝聖者

1. 十二世紀時，教宗加里斯都二世（Pope Callixtus II）為前往聖地雅各的朝聖者寫了建議與指導，後人因此稱這是前往聖地雅各朝聖的第一本朝聖指南《加里斯都手抄本》（*Codex Calixtinus*）。

坦蕩無阻於路上的各種挑戰，他們日夜兼程、徒步跨越庇里牛斯山，直到熱切嚮往的終極之地——聖地雅各．德．康波斯特拉（Santiago de Compostela）。

十九世紀是人類思想浪潮的謎團，人類的舞台劇正上演一齣齣的宗教擠壓，基督宗教朝聖的薪火或隱或現。更糟的是，二十世紀歐洲沾染了戰火的考驗，這一時期的朝聖風華，沉默地忍受這一切，靜靜地等待時間的流逝。

今日朝聖路仍在歷史的景觀中蔓延而再度復興，「其人雖已沒，千載有餘情」，或許在現代人的意識中，朝聖者仍尋尋覓覓走肯定之路，在「古道照斜陽」的落葉足跡中，留戀於中世紀快樂之境，尋找一種與歷史對話的可能性。然而，西方文化中的宗教探索，是架構在「愛」的信仰思考，人無非是想在這短暫的生命旅程，豎耳傾聽那無限充實和永恆的存在，藉以抒發純樸眞摯的感情，與快活遨遊於天地之間的情懷。我相信，此種朝聖者的品味與境界，因人而異，並非是人人可得的工夫。

尋找聖雅各之路的魅力

在這一場歷史漫步中，我們不妨停下腳步，沉思一下，聖雅各朝聖之路是如何卑躬屈膝地度過歷史的起伏。回顧中世紀的朝聖行動，那個時代的朝聖者需要仰賴當地主教的許可與協助；現在的朝聖旅行者，已用不著教會的許可。如今，聖雅各

愛爾蘭朝聖者在鐵十字山頭祈禱。

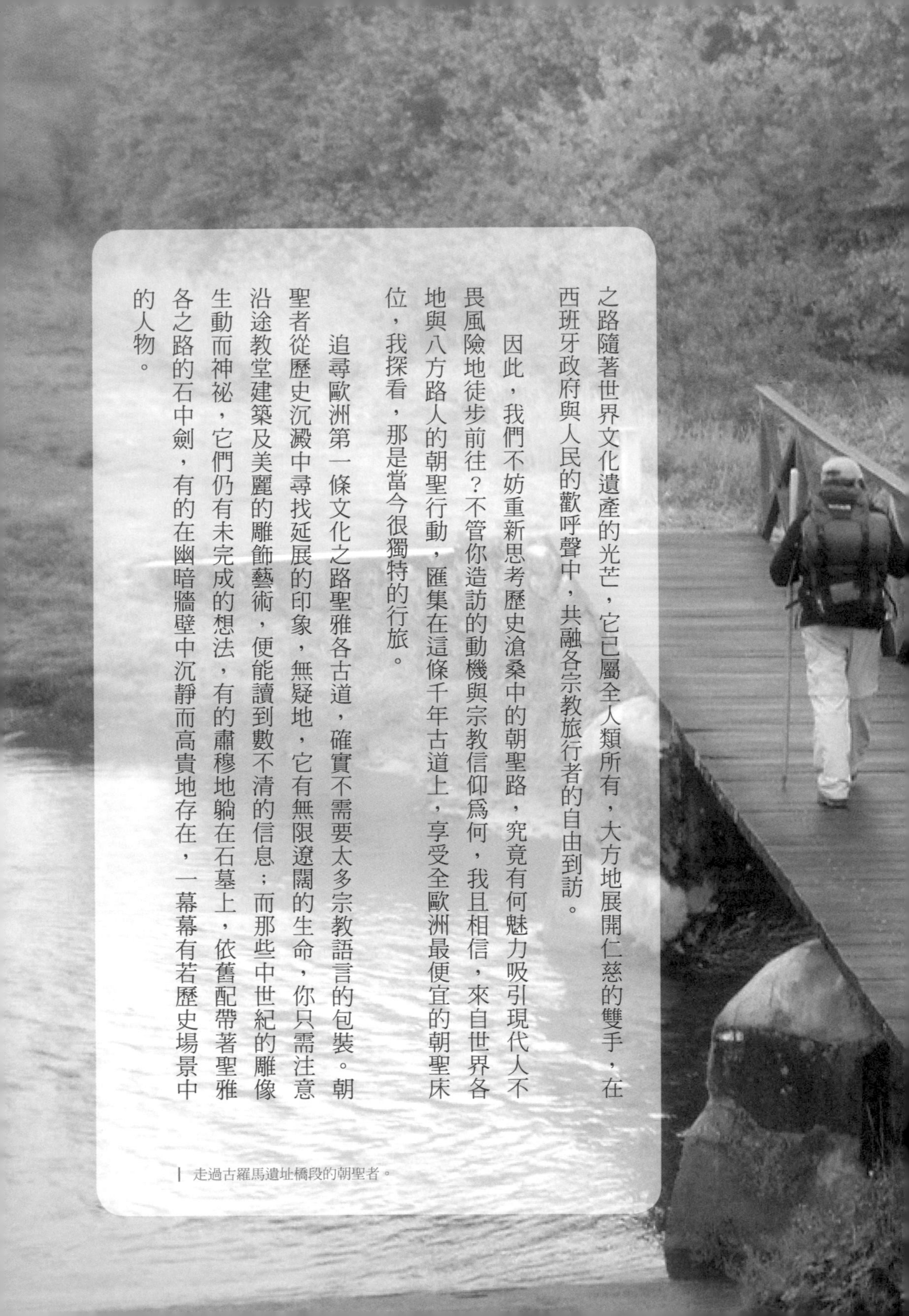

之路隨著世界文化遺產的光芒，它已屬全人類所有，大方地展開仁慈的雙手，在西班牙政府與人民的歡呼聲中，共融各宗教旅行者的自由到訪。

因此，我們不妨重新思考歷史滄桑中的朝聖路，究竟有何魅力吸引現代人不畏風險地徒步前往？不管你造訪的動機與宗教信仰爲何，我且相信，來自世界各地與八方路人的朝聖行動，匯集在這條千年古道上，享受全歐洲最便宜的朝聖床位，我探看，那是當今很獨特的行旅。

追尋歐洲第一條文化之路聖雅各古道，確實不需要太多宗教語言的包裝。朝聖者從歷史沉澱中尋找延展的印象，無疑地，它有無限遼闊的生命，你只需注意沿途教堂建築及美麗的雕飾藝術，便能讀到數不清的信息；而那些中世紀的雕像生動而神祕，它們仍有未完成的想法，有的肅穆地躺在石墓上，依舊配帶著聖雅各之路的石中劍，有的在幽暗牆壁中沉靜而高貴地存在，一幕幕有若歷史場景中的人物。

走過古羅馬遺址橋段的朝聖者。

朝聖者回響

用一條路尋找生命的答案

Camino 朝聖者／吳文軒

二〇一三年春天，我站在法西邊界小鎮聖祥・皮耶德波，絡繹不絕的旅人讓這座山中小鎮顯得熱鬧；雖然不斷地懷疑著自己，也對即將要開始的一切充滿了未知，但就讓自己按照計畫來吧。至於爲什麼有這樣的動機，就要追溯到我的替代役服役。

我曾在菲律賓服海外替代役，在馬尼拉華僑學校服務過一年，不管是宗教的信仰、熱情的人文、歐陸的飲食，菲律賓在許多地方都能看到西班牙三百多年殖民的影響，最有趣的是，我居住的街道名叫「Buencamino Street」，正好是聖雅各朝聖路上互相鼓舞的問候語「Buen Camino」（旅途愉快）。

從法國的聖祥・皮耶德波到西班牙的隆塞斯瓦耶是一般朝聖者的第一段路，這段路大約二十七公里、海拔約一千三百米。這段路有兩條路線可選，聽說走拿破崙路線（Napoleon Route）可以看見絕佳的風景，而瓦卡羅路線（Valcarlos Route）則難度較低，因為還不知道自己的腳力因此選擇了後者。隔天一早，山間的濃霧還未散去，朝聖者一個個離開小鎮，小鎮外有個指示是兩條路線的分叉點，引導我們走進郊區、田野、森林，也走進了不同的經驗中。沿路經過了幾個牧場，清晨的空氣裡瀰漫著牛鈴噹噹噹的響聲。雖然我在城市裡出生成長，但其實非常嚮往宜人的田園風光。接下來的這個月不只經過了許多令人心曠神怡的農村景色，還可看見每個地區不同歷史背景的教堂，悠揚的教堂鐘聲不知已陪當地人度過了多少個世紀。

沿著朝聖的黃色箭頭繼續走著，不知不覺離人煙愈來愈遠，既害怕迷路但又無法不被這自然的景象吸引，幾個遺世獨居的人家散落在山谷之間。隨著地勢的起伏，我爬上爬下地穿越了原始的森林，好像忘記自己身上還背著一個大背包似的，我突然理解到為什麼有人追求一種能和自然更接近的「天體」行為了，那些社會的規範、文明的制約都已經好遠好遠，被釋放的心迫不及待想讓身體和自然有更親密的接觸，由內向外完全解

放。傍晚時分，終於走到兩條路線的交會點了，這時碰到一位來自法國的朝聖者從另外一條路線前來，我們互相打聽對方走的路線如何，彼此都覺得各自走的路眞是太棒了。

除了在沿途的風光中與自己對話外，更值得去發現的是朝聖路上來自不同地區、擁有不同生命經驗的朝聖者們。或許大家都有各自的原因來走上這段不算簡單的路，而朝聖者們在路上的相遇、對話，更是豐富彼此生命的精神糧食，短暫或是長久的相處後，我們還是繼續帶著各自的身體往同一個方向前進著。現在聖雅各朝聖之路歡迎不同宗教信仰的人親近朝聖路，少則開車遊歷、多則騎單車和步行，但只有超過一百公里的步行或騎單車二百公里才能擁有朝聖證書。利用幾個星期的時間走一段聖雅各朝聖之路，不失爲一種爲生命尋找答案的方式。

五月天仍見山頭積雪之美。

Saint Jean -Pied- de -Port 聖祥．皮耶德波

Orisson 歐立松

Lepoeder 勒波耶德爾

Roncesvalles 隆塞斯瓦耶

Burguete 布爾耶德

Erro 厄羅

Pamplona 潘普洛納

Burlada 布爾拉達

Villava 韋雅瓦

Larrasoaña 拉拉索阿那

Zubiri 祖畢黎

Espinal 厄斯比拿

聖祥 · 皮耶德波
Saint-Jean-Pied-de-Port

第一天報到時，工作人員會給你一份聖雅各朝聖路沿途的住宿資料及朝聖護照，同時會告訴你出城的路線，你大可放鬆心情，盡情在鎮上的超市採買。商店在朝聖路上的小村莊並不多見，但一天的路途中幾乎都會經過大城鎮，容易補給你所需的物資。記著，第一天啓程的背包裡不需要放太多飲用水，行走一〇・二公里停留歐立松（Orisson）時，那裡有Coffee Bar，門前即提供甘甜的山泉水。

第一天出門不宜單獨行走，前一晚在庇護所自然會找到同行者，若錯過彼此認識的機會，你不妨先跟著老外走，慢慢熟悉朝聖路上的黃箭頭指標及貝殼標誌，每五百公尺會出現指標，一旦失去指標，最好馬上意識到，你可能走錯路，或轉錯方向。

聖祥 · 皮耶德波報到處。

朝聖路上的第一處山泉水（在歐立松）。以法文標示爲飲用水。

歐立松 Orisson

越過庇里牛斯山，來到歐立松，風景絕美，氣候也相當不穩定，下大雨、起大霧甚至降冰雹都有可能，朝聖者最好隨身備便雨衣。中途經過一座聖母像，那是電影 *The Way*（中譯名爲《朝聖之路》）中的一個場景，男主角的獨生愛子就是在這裡遇上山難。後來這個老爸代替兒子行走未完的朝聖路，他的第一天行程，第一次撒骨灰也是在這兒。往下走就是法西邊界，早期檢查哨已撤出，現在兩國邊線是以木欄杆爲界。

離開歐立松繼續前行，你將穿越一段可歌可泣的樹林小徑，在這片林間曾譜出中世紀聞名的《羅蘭之歌》，它是西方奇幻史詩文學中最早的一部，也是中世紀史詩中最著名的一篇。史詩的主要內容是描寫西羅馬帝國的法蘭克國王查理大帝，於西元七七八年遠征西班牙，在回程撤退途中，後衛部隊經過這裡時，其心愛的大將騎士羅蘭（十二騎士之一）在庇里牛斯山遇上巴斯克人襲擊的史實，他的部隊幾乎全被殲滅。事

羅蘭山谷的小徑。

挪威朝聖者書寫日記。

後查理大帝得知貴族甘尼侖怨恨大將羅蘭，與敵人同謀，致使羅蘭落入敵人圈套，最後戰死異地。他的英勇犧牲，被歷史塑造成英雄形象，而以史詩方式呈現，因此演繹出查理大帝後來爲羅蘭復仇，徹底消滅敵人、征服西班牙，然後將甘尼侖處死的感人故事。

庇里牛斯山頂峰的聖母抱子雕像。

西法邊境的木柵籬笆。

隆塞斯瓦耶 Roncesvalles

下到海拔九百五十公尺的隆塞斯瓦耶時，即是走進西班牙境內第一站歡迎朝聖者的地方，也是自中世紀以來受到天主教會最多關愛的地方。十三世紀時期，天主教修會團體紛紛抵達這裡廣建庇護所，用以照料遠道而來的朝聖者。朝聖者越過庇里牛斯山抵達這裡時，個個已是筋疲力竭。長久以來，這裡的教會團體發揮「天主是愛」的精神，無私的付出照顧來自世界各地的朝聖者，因此也得到歐洲各地最多的捐款資助。西元七七八年的《羅蘭之歌》傳遍歐洲，查理大帝與羅蘭騎士精神的信仰史詩與精華，更延伸在聖雅各之路，爲隆塞斯瓦耶增添不少神祕主義的色彩。十七世紀經歷過低迷，二十世紀逃過政府沒收教會財產的風暴後，重新甦醒。

繼續往潘普洛納前去，途中會經過不少小村莊。

沿途可見貝殼與黃箭頭標誌。

庇里牛斯山指向隆塞斯瓦耶（法文爲Roncevaux）方向的指標。

潘普洛納 Pamplona

來到潘普洛納，旅行者即刻聯想到奔牛節，這都拜美國作家海明威所賜。他在《太陽照樣升起》（*The Sun Also Rises*，或譯《妾似朝陽又照君》）書中，以生花妙筆描寫以奔牛慶典為背景的主題，引人入勝。拜這位諾貝爾文學大師之作，潘普洛納一舉成為觀光名城。這幾年西班牙電視媒體大力行銷，更將奔牛慶典的地方文化成功地推向世界舞台。根據當地傳統，節日原來是紀念潘普洛納城的主保聖人聖菲爾明（San Fermín），後來發展成每年從七月六日晚間展開持續整整一個禮拜的瘋狂慶典活動，除了奔牛、鬥牛，還有民俗遊行、趕集活動、戶外音樂演奏、戲劇表演、煙火秀等熱鬧，全西班牙的扒手也幾乎集合，大駕光臨這座城市。

如今朝聖者走在市政廳前號稱「死亡之路」的窄小巷道，想像著自己在這一條被當成死亡跑道的短暫街道，一群不怕死的人

潘普洛納市政廳。

穿著白衣、戴著紅圍巾，跑在十幾隻狂奔牛群的前面，藉以考驗自己的勇氣指數。然而就算您不愛搏命，在現場觀看瘋狂群眾，歇斯底里的搏命冒險演出，也會血液奔騰，而這段奔牛路途長約八百五十公尺，奔牛時間也只不過「三分鐘」。牛群、人群最後狂奔到壯觀的鬥牛場，接下來一隻活生生的牛被十幾個人逗弄刺殺，直到奄奄一息，這血淋淋的鏡頭，著實讓世界動物保護團體很感冒。對於西班牙這項國粹，反鬥牛運動聲浪四起，但是鬥牛是西班牙重要的傳統文化，要全面禁止就如同要求西班牙人放棄午休（下午二～五點）一樣，似乎還需漫長的等待。

潘普洛納主教座堂的塔樓有西班牙最大的鳴鐘。市政廳對面有一家最熱門的公立庇護所，因爲是豐富的旅遊景點區，每天一開門，很快就掛出客滿牌，朝聖者排不上住宿時，唯一的選擇是經過拿瓦納大學（Universidad de Navarra）校區，繼續往下走四．七公里路後可以抵達小西祖耳（Cizur Menor），這裡的公立庇護所會帶給朝聖者意外的驚喜。

潘普洛納主教座堂塔樓。

進入潘普洛納的城門通道。

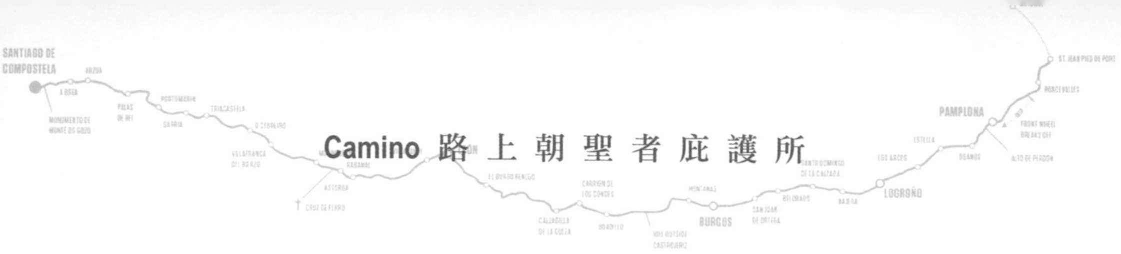

聖祥・皮耶德波（法國地區）
Saint Jean-Pied-de-Port
Refuge Municipal
05 559 370 509

聞多（法國地區）
Hunto
Ferme Ithurburia
05 559 371 117

隆塞斯瓦耶
Roncesvalles
Collégiale
984 760 000

布爾耶德
Burguete
Alb. Irugolenea
649 412 487

祖畢黎
Zubiri
Refuge Municipal
682 324 186

拉拉索阿那
Larrasoaña
Ref. Municipal
948304242

韋雅瓦
Villava
Ref
984 331 971

潘普洛納
Pamplona
Pamplona Albergue Peregrinos
948 227 100
948 221 479

III

第一次讓陌生女子洗腳

猶記得二〇一四年初，英國約翰摩爾大學的學者博里尼（Matteo Borrini），與另一學者聯合發表一篇聳人聽聞的宗教新見解，他們認爲現存於義大利杜林的裹屍布上，有一條疑似從手臂流至胳膊的血漬，如此證明耶穌基督被釘十字架時，兩臂向上高舉，全身呈Y字形，並非一般認爲耶穌是雙手橫張，呈T字形被釘在十字架上。然而，後者的說法已經長久廣泛應用於藝術作品，如今新的詮釋難免令人感到好奇。

博里尼與其研究團隊透過眞人實驗，觀察手臂以不同姿態擺放後血液的流向及分佈，並對照杜林裹屍布後，得出的結論是：受釘十字架的姿態應是雙手高舉於頭部，故認爲受刑者雙手擺放的位置，並非一般人以爲的向左向右張開的大十字型，與傳統描述的T形十字架亦不相同。依據這種探討的解釋，吾人可理解Y字形釘法令受刑者感到呼吸困難，最後導致窒息而死。那麼，這種Y字形釘法，是否意謂著歷史中存在著另一種十字架型式？我曾試著請教天主教會內多位學者與神父，卻無從探尋Y型十字架的底蘊。

正因爲博里尼教授這篇研究的新詮釋，讓我驚奇的連結到朝聖路上我與Y型十字架相遇的記憶，於是我迫不及待翻起那次朝聖行走的日記與照片，重新凝視那一張教堂中的耶穌態像，祂被釘十字架的姿態果眞呈Y字型，這大夢初醒般的驚訝，讓我久久說不出話來。

十字架教堂的鎮堂寶貝聖物。

那一天，我們從歐巴諾（Obaños）往西走二．三公里來到皇后橋（Puente La Reina），順著黃箭頭的方向看到一座外觀不怎麼顯眼的教堂，我們抵達時，神父正好關起門準備下班。西班牙的 Bárbara 趕緊跑向前，在他耳邊低咕低咕，我與另一位西班牙同伴呆坐一旁。神父姑且抬頭看了我這個東方臉孔的朝聖者，大概是不忍心看到千里迢迢的失望，「好吧！」他終於點頭，重啓大門讓我們進去祈禱。眼前這一跨，簡直讓我愣住了，只見一片幽暗中閃閃發出金黃色的迴光，層次既穿透又反射，這美也未免太迷人了。我走近祭台前，那爍石流金的祭壇裝飾，實在讓我忍不住發出驚歎：「在這樣的小村裏，何以能有如此金碧輝煌的教堂？」

第一次領受十字聖號

當下 Bárbara 引領著我的腳步，要我看一件教堂珍寶，我好奇地跟在她身旁，她很神祕地指向眼前的Y型十字架與受釘的耶穌基督。

一個大約高於人體身高的十字架，上面架著一個人，雙手高舉，看起來很是沉重，在那幽暗燭光中黯然哭泣的神韻，讓我心惶惶而小心翼翼地走到祂面前，像是小偷似的觸摸祂受傷的腳踝，心中頓然像電擊似的血脈加速。我感覺到體內的血液膊動，心音怦怦快速奔騰，我的視角有點驚慌，像是進入眞空狀態。我驚愕的一抽手，兩腿忽然跪下。或許我的舉動嚇到了 Bárbara，她們二人趕緊靠近我身邊，與我一起跪向那十字架，「可憐可憐我們朝聖者吧！」Bárbara 口中唸唸有詞，祈求一分憐憫，而我持續呆滯地說不出話兒。

神父在那一頭催著我們，我虛脫的走了出來。就在跨門的剎那，Bárbara 又把我拉了回去，我站在門檻邊朝裡頭望，滿眼幽微的意象，我看祂，祂看我，這段可及的距離，定靜不動的折騰，實在令我無法承受。Bárbara 馬上舉起右手沾了聖水，趕緊在我額頭畫上一個十字聖號，我想，我的臉色應是有點受到驚嚇的樣子。如今回想起來，我終於明白，那是我生命中第一次領受十字架的印記，發生在一個十二世紀的十字架教堂（Iglesia del Crucifijo）裡，時值春夏的時空，外頭一陣風、一陣光熱，在二個陌生女子的陪伴下，接受一個與我宗教理念尚未接軌的十字架記號，眞是令我百感交集。

神聖的洗腳禮

接下來這一小段路，三人走進小鎮第一家庇護所，本來是沒啥事，卻見門外寫著幾個大字：「Por favor! Lave sus pies」（入內請先洗腳）。這一天趕二十三公里路，泥濘的山路使人沾染惹人厭的泥土，於是我坐下欲脫下鞋襪，Bárbara 隨即帶著聖母似的慈心接收我泥濘的雙腳，她很堅持的說要幫我脫鞋，並洗淨我的雙腳。我知道，我再無法拒絕像她們這樣虔心的朝聖者，我猜想，可能也沒有人能應付這

走向寬恕峰的朝聖隊伍。

老友重逢於巴塞隆納遊輪碼頭。

種既甜又澀的突發狀況，只是我有點尷尬，更不知如何是好。

東方人一向有著隨遇而安的從容慣性，我只好乖乖接受她彎起腰，默默不語洗滌我的腳丫子，有如一種儀式中的靜默，我好奇地凝視她捲起衣袖時，所懷有喜樂與謙卑的重量。當時的我察覺到，自己只剩下愚鈍的心，多年後，我總算在神學院聽見記憶的回音，那是當時一個非基督徒所無法體悟的洗腳的神聖性。

「那天是意外嗎？」我心裡想著。從走進教堂到走進庇護所這一小段路的朝聖經歷，對當時的我來說，是個充滿未知的神學意涵。多年來，我心中的回憶被這段單向的瘋狂和迢遙的心思給扯緊了；而後，如同現在，十字架的印記和洗腳的熱火，從當初非基督徒的無知、無感，到縱身進入神學院默想研讀聖經，在這段路上依然內心有戲，而我僅剩的回憶似乎也讓我有了更深的覺察與體認。

如今，隨著多次回到朝聖路的洗滌與省思，這段默想不斷帶著自己心靈上的一塊版圖到處行走，如今一絲絲的擴展，在一種孤寂的情境裡，化爲我路上的燈與光。

再次遇見她們是三年以後了。那一年，我打算從西班牙巴塞隆納搭遊輪回到美國，三人相約在巴塞隆納街頭聚首。那一天，三個人走在蘭布拉大道（Lambla Der Ma）上，一切話題都從朝聖路開始，我們不約而同地憶起了這段往事。如同當年走在朝聖路上，我們充分享受朝聖者之間說不完的情誼，並提醒自己在那路上有著我們夢想的樂園。我記得，每年復活節過後都會接到她們寄來的明信片，那是她倆繼續行走朝聖路時的問候。然而，我永遠記得 Bárbara 嘹亮曼妙的〈聖母頌〉，其中最爲經典的，恰是不可思議的Y型十字架所帶來的一曲謙卑洗腳的詠嘆調。

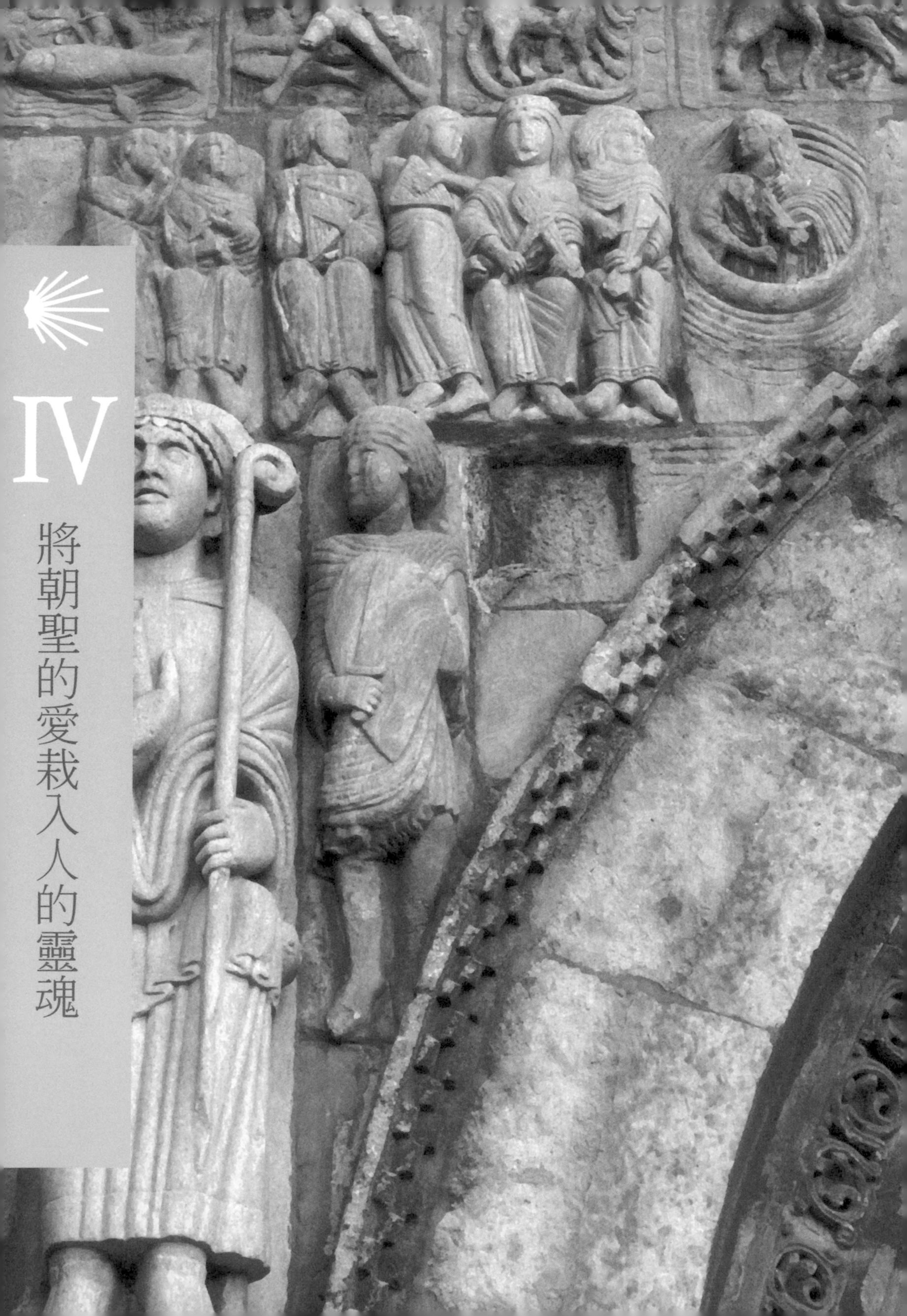

IV 將朝聖的愛栽入人的靈魂

走在洛格羅尼奧（Logroño）街頭，穿梭於一處處教堂和一群群毫不相干的遊客之中，我與來自義大利的朝聖者 Maria 再三相遇，我們瘋狂地對話，彼此感受到朝聖路上那無盡神祕的低吟。

那一天從洛格羅尼奧走往貝羅拉多（Belorado）的路上，我在小路上初次與她並肩交談，黃箭頭指標離我們的腳步愈來愈遠，我們的話題卻愈來愈多。她知道我生命中第一次行走朝聖之路，只是想品嚐朝聖的滋味；第二次是陪同女兒一起共走朝聖之路，其中十分之六是渡假，十分之四是朝聖。但是女兒心中的天主，容忍這一切安排，萬分寬容地接受她拖者痛苦的身子，前來祂的道路，有時候，朝聖路的困頓幾乎讓她難以承受。最終，仁慈的天主給了她各種恩典，聖雅各使徒更成了她祈禱生活中的朋友。

沿著葡萄園林，我不禁然述說與女兒一同朝聖的往事，Maria 驚奇地聆聽著，似乎有點捨不得離開這個話題，然而，我卻因爲害怕太有血有肉的苦痛分享，會帶來信仰上的可能誤解，於是藉故岔開話題，最後甚至選擇與她分道，單獨繼續前行。

離開納赫拉（Nájera）後，接著又在聖多明哥・德・拉卡爾薩達（Santo Domingo de la Calzada）的教堂廣場再遇見她，她依舊好奇的將目光投射在我的朝聖

朝聖者自我挑戰困難之路。

杖，冥冥中似乎有一種引力，我們最後又並肩一起走進古老的小教堂，默默跪坐在祭台前。Maria不發一語地站起來，像個不發笑的神祕者，蕩漾走到我面前，她唸起一堆咒語似的拉丁語，像個權威的神父，又在我的額頭上，頗有節奏地畫上一個十字符號。似乎就像第一次朝聖路上，我在皇后橋小鎮與Y型十字架的奇遇，我無法拒絕那模糊的印象，只能羞愧地看著自己的靈魂。

還不是朝聖者？

依稀記得，那天朝聖路上見不到一線陽光，我告訴Maria自己第三次行走聖雅各朝聖之路，是爲了瞻仰聖雅各，而且也是因爲聖雅各驚奇地出現在女兒日常祈禱中的結果。

女兒從朝聖地回到台灣後，不斷地有與靈性世界相遇的經驗，我清楚那是來自心靈的純潔，雖然我的想法不見得具有智慧，但絕對相信她那不失純眞的信德，特別當自己在朝聖路上也曾經驗過神聖，我便很難懷疑聖雅各的眞實性。

我記得Maria停下腳步追問，爲何女兒說我的靈魂還沒走到朝聖的天堂，沒有資格領受「朝聖者」的身分，必須再走一趟朝聖苦路，而且還得參與十二台朝聖彌撒？她說這是個令人嘆爲觀止的要求，對現代的旅行者來說，向來是不容易的事。

靠邊閃開羊群。

事實上，當初我很難想像，女兒會以祈禱的結果告訴我這隱密的要求。最後，倒不是我把Maria的這番話當成大哉問，而是她提醒我該盤點自己朝聖歸心後的靈魂。她帶著壯麗的手勢指向我的腦袋瓜，說話口氣頓然跟女兒一樣地「偉大」，好像這兩個女人同時擁有一些眞理，而現在，該由她來提醒我的無知。

她看著我愁苦似的悶不吭聲，忍不住笑了起來，「不過，在朝聖路上不必推論這些，你需要的是一本書，一本聖奧斯定的《懺悔錄》。」我好驚訝這個女人的直率，看來，Maria顯然是受過士林神哲學的薰陶，我不能自鳴得意讀過神學，那麼，在她眼前，我會是什麼呢？我對她頓時肅然起敬，沉默地思考她的說法，「的確，我應該好好再讀這一本書。」

真正的朝聖者

是的，我曾試讀聖奧斯定的《懺悔錄》，那是西方十大經典之一，歐洲的年輕人都會讀到它。好幾年前，我曾經粗淺而斷斷續續地走入他的新世界，我發現對這位聖者而言，懺悔也可以是很美好的一件事。「如今二十一世紀，歐洲的宗教思潮以各種客觀的態度反思人性罪惡，這眞是個憂慮」，Maria 有感而發地說起這種膚淺的宗教觀點。接著她拋出暗示性的言詞，探問什麼是眞正的朝聖者。

「因爲一位朝聖者，他所做的事，是將朝聖的愛栽入人的靈魂裡，而且必須依靠信仰的懺悔力量才能圓滿這項使命。」她不著邊際的敘述，帶著幾分哲理，讓人不禁停下來傾聽內心的聲音。Maria 的神學水準，和一股深藏不露的靈修，自然流露出一個傳道者的智慧，現在，她正像「上帝」開啓金口，召叫朝聖者做「地上的鹽」。

在某種意識中，我對神祕的「祂」仍有好多疑惑，當我無能爲力走出世俗框架的考驗，朝聖的靈性力量是否會被綁架在內心深處，而無法對祂產生信任？此話一出，Maria 像個巨人般神聖地站了起來說：「靈性力量是朝聖者應得的報酬，不會

| *Yo Soy El Camino*（西班牙文），意思是：我就是道路。

| 在巴倫西亞（Palencia）省的朝聖者雕像。

| 朝聖路常見的三角路徑。

| 朝聖者行經 Rioja 葡萄園林。

| 中古世紀朝聖者的穿著。

消失，只是隱藏！不只如此，誰愛世界，天父的愛就不在他內。原來世界上的一切就是肉身的貪欲、眼目的貪欲，以及人生的驕奢。」我對這些話並非完全陌生，她引用的是聖經《若望壹書》的經文，但我聽著著實覺得汗顏。「的確」，我忍不住回嘴。在資本主義的世界中，人的情欲和虛榮，已將人對神的感恩不斷阻隔在外，人更假藉金錢之名虛偽自己，然而我不理解，神怎能默許人類將自己演化至此呢？

來自修道院的靈魂

待我們來到修道院門口，她忽然對著我說：「這裡，是我上輩子的家。」我還以為我聽錯了，連忙向她說：「妳可不要無故嚇我！」她馬上嗅到我的不安。她說，讓我知道她靈魂的來處，是她必須在這裡終止朝聖的理由。Maria 臉上帶著某種程度的憂鬱，伴著仁慈的口吻告訴我，她的靈魂曾經失落在這一處，最後，也是在這裡被逐出修道院。她開始一字一句地述說，剎那間，時空無法止住她的淚水，眼淚從她掩著臉龐間的指縫滾滾流下，我也亂了腳步，跟著她的淚水起舞。

我倆呆坐在修道院門前的地上，看著右前方教堂門縫裡搖曳的燭光，此時，我又驚奇又擔憂地看到 Maria 的眼淚，卻發現朝聖者的淚水似乎有一種超俗的力量，足以洗滌人的靈性；忽然間我感到 Maria 的靈魂，有若先行的朝聖者，像似遙遠的一顆星，我只能遠眺，無法靠近。

今晚留宿修道院

我是在偶然的停留中，不知不覺看到旁邊這座修道院的美。據說，從前朝聖者想要擁抱這裡，那種渴望需要跋山涉水、日夜兼程才能獲得實現，他們的步調有驚人的耐心，簡直讓現代人無法想像和比擬。

這一座外表看來不怎麼顯眼的中世紀建築，矗立在空寂之谷，靜靜地吸引我的目光，更吸納我的心靈。因爲有她，因緣際會，我在這裡意外獲得一種敲響的讚嘆。當我走進迴廊時，她說：「歇歇腳，自在地停下腳步吧！你腳下所立的地方是上帝的住所，會讓疲憊的身心得到暫時的休息。」她的委婉和我眼前的景象一樣，使人感到一種暈眩。

藉著修道院的鐘聲，我獨自蹓躂到處看看，偏遠的小村，竟有如此美麗的羅馬式建築，我用唯一的心思去涵納美麗的柱廊，心底儘管絲毫沒有準備，卻仍暗暗吃驚這裡的廢墟，有的氣勢磅礡，有的靜如處子；有的鑲於粗獷，有的守候一種典雅，一切顯得自然而眞實，我心想，這些墾荒者他們是如何做到的呢？無疑地，因爲它太美，我有點捨不得離開。

教堂的彩繪玻璃窗。

朝聖路沿途經過的中世紀街道。

作者所留宿的十二世紀廢棄的修道院。

修道院幽靜的迴廊。

她冷冷看著我的發呆，不加思索地告訴我，「今晚且隨性留下吧」。我的遲疑像個迷失的人，好像被夾在天堂與迴廊之間。我知道我逃不掉，因爲，有一種莫名的氣息，就存在我身邊，彷彿有一雙眼睛注視著我。我不敢出聲，也不敢想像，最好的方式就是臣服：今晚停留此地。她卻笑而不答。

我且相信，這股吸引力是來自她劃下的那個十字聖號，若不這樣想，我簡直沒法子說服我自己。當然，多虧她引領我走進這裡，此處一片寂靜，是一種更爲罕見的地方，是眞實或夢幻，我不知道，也不清楚。但她明白，我癡迷這些不說話的石頭，她含笑的說，這些想說話的石頭，肯定可以讓我找到回家的路。

後會有期

夜晚近了，在一聲聲晚禱中，Maria 靠近我的耳邊，輕聲細語說到最令我難過又難忘的一句話，觸動了我的心靈，那是她在人世間的體認，也是我進入天堂的準備。「做爲一個朝聖者，就是回歸一種信仰世界，下輩子朝聖路，我們會再相見。」她還說她已知道，我的第三次朝聖之路將會如願。那是我們這一天最後一幕的場景，在荒郊野外，風大野大的修道院。那一夜，我成了她家的訪客。

隔天清晨，我知道她的朝聖路已到終點，而我必須單獨繼續前往聖地雅各。她一語不發送我走出修道院，我問她是否願意告訴我此趟朝聖的眞正目的。她憂傷的眼神，朝山谷而去，好像仍有述說不盡的往事，她的朝聖有成千的事要做，也等待她去完成，重要的是，她想保留生命的喜悅與悲劇。我聽出她的過去，也隱約感受到她是如何渴望做到。

下山這一路，我爬過山坡，蒼綠的森林已籠罩在晨霧中，我回頭眷望著她的身影，讓空洞的眼神忍不住再三閱讀她，由內到外地思考她，我覺得，我的時代已離她愈來愈遠。如今，我明白，她的朝聖步伐已到達心靈喜悅的城堡，就像當年聖女大德蘭帶著史詩般的壯麗，將所有的朝聖祈禱凝結爲眞實的一切。

修道院紅瓦灰牆襯托著神祕的圓窗。

中世紀修道院的羅馬式聖堂祭壇。

晨霧中的山景小村。

朝聖者回響

為自己、也為他人敞開生命

Camino 朝聖者/張影伶

二〇一二年夏末，我走了一趟西班牙聖雅各之路「法國之路」的朝聖旅程，徒步三十八天走了八百多公里的路，其中有辛苦，有疲累，也有更多的開心、興奮、感謝與讚頌！雖然常因走不完的石頭路與枯麥田而暗中叫苦，卻總有看不盡的天地美景令我歡愉悸動；天主的聖殿有的荒廢、有的雄偉壯麗，我的心時而嘆息，時而瞻仰，一切的一切，不管好與壞，我都欣賞，我都享受！轉眼間二年都快過去了，但在日常生活中，總會不經意地想起走在 Camino 路途中的點點滴滴，還有好些人，我根本不知道或記不起他們的名字，但是他們的神態、臉龐、動作與話語卻鮮活地浮現在眼前……

尋找內心失落的缺角

記得有個午後在凡多薩（Ventosa）鎮的小酒館裡覓食，禮貌性的與鄰座一個沉靜的德國年輕人打招呼後，他突然問我：「妳為什麼來走這條路？」正當我猶豫該如何向一位陌生人解釋時，他兀自說著：「我請了八週的無薪假來走這條路，去年我的家裡發生太多事情，爸爸過世了，接著妹妹也突然離世，我來這裡，邊走邊傾聽這寂靜（listen to the silence），也聆聽我心靈的聲音（listen to my heart）」他的誠懇，讓我放下內在的藩籬。我告訴他，兩年前我被宣告得了癌症，雖經治癒，我還是想來這裡，並不是要尋求神蹟，只是想把自己歸零，想把這段旅程當成一次行動大避靜（retreat），勇敢的接受Camino 的洗禮，祈願能得到身心靈的淨化與更新！短暫的邂逅，我們祝福並告別彼此。兩個星期之後，在觀光客眾多的大城市萊昂，我們又不期而遇，他開心的說，到達目的地聖地雅各之後，他還要延伸路程走到歐洲大陸的盡頭非尼斯泰爾，那裏有 Camino「Ø-K m」的扇貝標誌里程碑，是傳統朝聖者最後的終點，他們長途跋涉到那裡，會將身上汙穢的舊衣物面對大西洋以火燒盡，是個脫去「舊我」，重生的象徵。看著他興奮的神情，我相信他已找著內心的寧靜與失落的缺角。

東方俠女的退休之行

在某個前往卡卡韋洛斯的清晨，我見到一位雙腳紮綁著腿、身背大斗笠的獨行東方女士，感覺她像古時候的俠女。我們同行一段路，才知道她來自日本，原是個職業婦女，爲了走聖雅各之路，花了二年時間準備，每天背包裡裝著好幾公斤的白米、野菜及礦泉水，以走路操練自己（她的這段歷程不禁讓我失笑，幾個月前我也是如此地訓練自己）。退休年齡一到，她就收拾行囊，辭別先生與孩子，老遠跑到 Camino 來圓夢了。

在即將抵達聖地雅各前的某個庇護所中，睡我隔床的一位優雅的荷蘭小姐，在床上放著美麗的項鍊和耳環，是她自己巧手做的，她說自己失業了，拿了資遣費就一路從荷蘭走來，令我瞠目結舌的是，她已走了三個月又一週。

走在Camino途中，不同時間，不同城鎮，會遇到許多不同國家的人，無論男女老少每個人都有自己的故事，每個人都得走自己的路。其實我們都不自覺地在Camino路上尋找完整的自我，渴望爲自己、爲創作能力、爲靈魂失落的碎片，找回重生的自己。

領受朝聖志工的愛

除了徒步的朝聖客，聖雅各之路上各個庇護所的接待志工，也令人印象深刻。記得在艾布爾戈（El Burgo）公家的庇護所，幫我們登記與清理住宿的女士告訴我們，一百公尺外有個小湖，在那裡看日落很美。黃昏時我趕到湖邊，欣賞天際像薄紗帳幔般美麗的雲彩，等待著夕陽下山，沒想到這位女士也帶著其他的朝聖客來了。她是德國人，年輕時來到馬德里工作、成家，現在老年返回德國居住，但是每年總有兩個星期飛到這裡做義工，爲走在這條路上的人服務。

在拉巴拿（Rabanal），我住進本篤修會辦的庇護所，環境乾淨漂亮，有個大庭院，來自加拿大的祖母級志工告訴我們，午後可到庭院喝下午茶，餅乾和巧克力球都是她親手做的。她從多倫多飛到這裡做兩週的義工，年輕時來走Camino，碰到一位英國志工以自製的下午茶與點心接待她，當時她就想，將來自己也要照樣服務別人。

志工們的分享，就是Camino愛的精神，朝聖者背包上常配帶著扇貝，去的時候貝殼的凹口朝上，代表「接受」，我們接受自然美景、大地產物（沿途可飲用的泉水，可摘食的野莓、葡萄、無花果、栗子等）以及眾人的接待與服務；回程的時候扇貝凹口向下，圓鼓面朝上，表示圓滿而歸，要回去分享與服務他人！

「兩隻老虎」讓我們成為一家人

最難忘的是我在卡里翁．孔德斯投宿的庇護所，那是修女所經營的。那天晚上六點鐘，修女邀請來自世界各地的朝聖者聚在一起唱歌，我們介紹自己的國家，簡單分享自己來的理由，或是唱自己國家的民歌；當我聽到以各種不同語言唱出的兒歌「兩隻老虎」時，強烈地感受到四海都是一家人的溫馨。修女說，我們不單是用腳走這條路，還要用眼、用耳、用心去走自己的路。聚會後，我到離修院不遠的教堂參加彌撒，神父逐一爲參加彌撒的每位朝聖者覆手降福，令我感動的是，修女還送給每人一張彩繪的紙片星星，祈願上主如明星般指引每位朝聖者找到自己的希望、信念、夢想、感恩與榮耀！

這紙星星迄今一直存放在我隨身的皮夾中，提醒我在Camino的路上，天主是如何陪伴我、引領我在默想中檢視自己的生命，我爲生命中豐厚的恩賜感謝不已！生命的恩寵不該只是爲自己，也爲別人，Camino的旅途讓我學會爲自己，也爲別人敞開生命。兩百公里路程中，天主就曾經多次藉由不同的方式觸碰我。

Pamplona 潘普洛納

Zariquiegui 匝黎齊集

Obaños 歐巴諾

Puente la Reina 皇后橋

Cirauqui 齊勞集

Estella 星星鎮

Azgueta 阿斯戈達

Burgos 布爾戈斯

Villamayor de Monjardín 蒙哈汀的朝聖移民村

San Juan de Ortega 聖璜・德・奧爾特加

Logroño 洛格羅尼奧

Belorado 貝羅拉多

Navarrete 納瓦勒蝶

Santo Domingo de la Calzada 聖多明哥・德・拉卡爾薩達

薩里科耶 Zariquiegui

沿著小西祖耳庇護所出門走六公里路，朝聖者來到薩里科耶（Zariquiegui）小村，開始蜿蜒向上，約走三公里上坡路到達寬恕峰（Alto de perdón，標高七百六十六公尺）頂部。寬闊的視野往南邊山峰望去，綿延四十座白色風力發電塔，形成美麗的天際線，每一座電塔機身高四十米，重達五十噸，葉片二十米長。當它啓動時，你可以聽見渦輪機嗡嗡作響，這是一九九四年西班牙 EHN 電力公司的傑作，也是西班牙第一個可再生能源的利用。向東可眺望潘普洛納，往西瞭望可看到十公里外的皇后橋。

一九九六年「聖雅各之路朝聖之友會」在這山頭創設這座中世紀朝聖隊伍的金屬鑄雕，很是壯觀的十個人像作品，是雕塑家文森特（Vicente Galbete）的傑作，作品主題標示著「大風與星星交會之路」（donde se cruza el camino del viento con el de las estrellas），英文是“where the path of the wind crosses that of the stars”。自中世紀以來，在朝聖者之間就流傳一項很神聖的傳

寬恕峰山頂的風力車。

說：「當朝聖者千里迢迢越過庇里牛斯山，前往聖雅各之路時，將在天國路上贏得一席之地。」

這座雕像很傳神地描繪出中世紀朝聖者的神情與特質，朝聖者面對充滿困難的挑戰，襯托出對永恆信仰的渴望。站在山峰上，面對這項創作時，你不是處在今日的世界，而是他們想像的世界。他們的毅力超乎尋常，他們的驢子英勇而無私，他們的旗幟是美麗而溫柔的。朝聖者歷經波折來到一個山口的大風地，延伸一個如夢似幻的世界，這英勇的一切，意外成了拿瓦納（Navarra）省區最佳的觀光藝術主題。

寬恕峰直下的坡道，沒有想像中的輕鬆，沿著黃箭頭走會經過麥田、翠綠的山野景觀，朝聖者的腳步頓時輕鬆不少，有人開始唱起無法理解的歌，也有的吹起口琴，最無聊的恐怕是朝聖杖一族了。這一路上拿瓦納省的田野風光綿延數公里，令人心曠神怡，此時你便覺得辛苦的這一切沒有白費了。

寬恕峰最美的地標：「大風與星星交會之路」金屬鑄雕，由左至右分別為台灣、美國、巴西、西班牙朝聖者。

皇后橋 Puente la Reina

來到皇后橋，這鎮雖小，名氣卻大的很。聖雅各朝聖路的「法國之路」，從法國北方來的朝聖者所行的四條朝聖路線，彼此交會於庇里牛斯山下的兩個小鎮，成爲各自跨越法國與西班牙的邊界的兩個起點，最後匯流於皇后橋（詳見附錄第二六一頁）。從此橋開始，就算是眞正走進西班牙獨一無二的「聖雅各之路」（El Camino de Santiago）。

走過皇后橋，步道會通過國家公路，走向迷人的中世紀小村莊，從這兒往下沿著羅馬時期遺留下來的古道，經過艾集特佳（Eguitega）河和撒拉多（Salado）河，這是一段充滿羅馬時期的古道情懷。

十二世紀羅馬建築的皇后橋。

星星鎮 Estella

走進星星鎮，西語是「星辰」的意思，聖地雅各的全名是 Santiago de Compostela，Compostela 的意思就是「星辰聚集的地方」。這個中世紀小城雖然不大，教堂卻多得驚人，包括修道院在內共有九座教堂。但可惜的是，沿路看到有好幾座幾乎崩壞。

星星鎮庇護所前的街道。

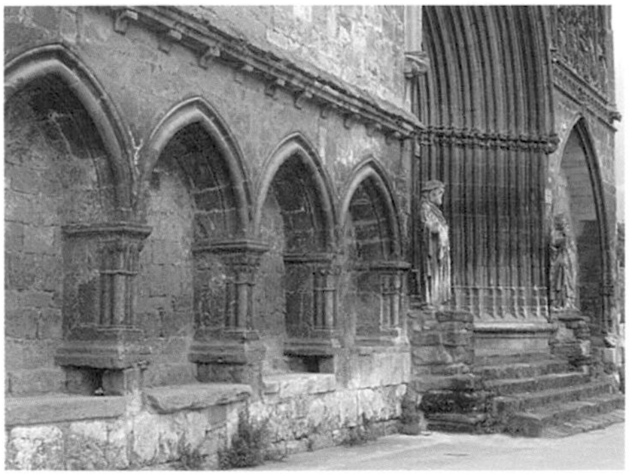

廢棄的十二世紀古老教堂。

十一世紀興起朝聖風潮，許多移居此地的人於是漸增，造就城市的擴充與建設，修會團體也陸續進駐，創設庇護所、醫院、商店、教堂，以滿足四方湧到的朝聖者。如今風華褪去，留下無盡的沉睡，讓朝聖者呆立原地，眼花撩亂。

從星星鎮往前走二・二公里路，有一名爲 Fuente del Vino（酒泉）的地方，在往 Monasterio de Irache（伊拉雀修道院）方向的路上，朝聖者不容易忽略它。精緻的招牌上寫著 BODEGAS IRACHE DESDE 1891，延續著十一世紀以來的朝聖傳統。當時修會建立了朝聖醫院庇護所，免費招待朝聖者路上所需的麵包，以及修院自己釀造的葡萄酒。後來修會將這項產業移交給伊拉雀（Irache）酒廠，並由他們延續朝聖傳統，發展出更便利的服務。如今朝聖者來到酒鄉之村，仍可以享受免費的葡萄酒。

一如中世紀的體貼，伊拉雀酒廠在招牌底下設有兩個水龍頭，左邊一開，紅酒滾滾而出，要喝或裝瓶，隨你便，全部免費，無限暢飲。對紅酒沒興趣的人，就選用右邊的水龍頭，一打開即是泉水，水質相當甘甜。

伊拉雀酒廠免費葡萄酒供應站。

蒙哈汀的朝聖移民村 Villamayor de Monjardín

從蒙哈汀的朝聖移民村到弓箭鎮（Los Arcos），中途完全沒有休息站，也沒有水源，朝聖者在蒙哈汀的朝聖移民村一定得裝足飲用水。在中途會遇上一輛咖啡車，是由一個英國人改裝露營車而成的，免費提供朝聖者飲料。

這位 John 老兄每年夏季開車前來此地服務朝聖者，這段路長達十三公里，沿途沒有水源、樹蔭與休息區，加上天氣酷熱難當，水壺很容易一下子就掛空。John 走過法國之路好幾次，很有遠見，深深體會朝聖者在這段路徑上的眞正需要，從英國退休後，每年夏天就駕駛這輛 Coffee Bus 來到這裡爲朝聖者服務。在你享用冰涼的咖啡後，臨走時可別忘了放一些小費，以聊表心意。

左爲朝聖咖啡巴士車主 John。

聖多明哥・德・拉卡爾薩達
Santo Domingo de la Calzada

聖多明哥・德・拉卡爾薩達是一個美麗而不朽的歷史小鎮。鎮上有座十二世紀偉大的大教堂，裡面有著世界上最美麗的雞籠，內有兩隻公雞作爲寵物，這不只是古老的傳說故事，還有傳說的奇蹟。中世紀時期，一個來自德國的朝聖家庭在此停留過夜，當他們全家在餐廳用晚餐時，餐館的女服務員深深地愛上德國的帥哥兒子，然而這種情愛被他當場拒絕，於是她由愛轉恨，將餐館貴重的銀盤偷偷地塞到他的行李裡，因而向官府告發這個帥哥偷竊，年輕人於是被捕下獄，最後判吊刑。他們的父母無力挽救兒子，乃向教堂的聖母跪地祈禱，卻仍無法改變官方的判決，於是他們拿著手邊的十字架，繼續原本的朝聖路，卻在出發時發現刑台上的兒子並未斷氣，趕緊求報官老爺饒兒子一命。

此刻的官老爺正在享受烤雞大餐，他用餐布擦擦嘴，不疾不徐的說：「你的兒子早就被吊死了，他若眞是無罪，那麼，我這盤子裡的烤雞豈不是活的嗎？」官老爺話一說完，奇蹟發生在眼前，盤子裡的烤雞抖抖身體，站了起來，咯咯啼叫跳出餐盤。接下來各位看倌不難理解，他們的兒子復活了，而且無罪釋放！現在，教堂裡看到的雞籠子，是全世界教堂中絕無僅有的景象，兩隻雞還會在教堂裡趴趴走。聽說這對雞是當年官老爺盤中烤雞的後代，代代傳承至今，其中有感人的故事，也有看不見的想像。

整體而言，這個小城故事多，而且充滿中世紀的建築和古蹟，走在鵝卵石鋪設的街道上，如同時光倒流，蘊含獨樹一格的風情與宗教藝術。如今這中世紀的小鎮已轉型為觀光城市，仍保有濃濃的中世紀風情，對外交通方便，有巴士直通馬德里，有國家級旅館，生活機能完善，步履起落間，更會發覺這裡民風純樸，是難得一見的中世紀小鎮，值得去看看。

離開市區 N-120a 道路，過橋前的一間小修院。

聖璜・德・奧爾特加 San Juan de Ortega

來到位於海拔一千零四十公尺高的聖璜・德・奧爾特加，是個中世紀小村莊，沒有幾戶人家，卻有一座十二世紀的修道院（Monasterio de San Juan de Ortega），在一九三一年被納入西班牙國家級建物古蹟。西元一一一五年，聖道明修會有一位被稱爲「修路聖者」的會士，在此地開山闢路廣建橋樑，同時建立修院庇護所，照顧前往聖地雅各的朝聖者①。他曾謙卑地婉謝伯爵爲他打造的羅馬式石雕棺盒，決意與窮人一樣，只立一座簡單的墓碑，於一一六三年去世。他生前所行奇蹟很多，特別是給不能懷孕的婦女，帶來另類的驚喜奇事。

西元一四七七年，西班牙伊莎貝拉女王於朝聖路上探訪這座教堂，當時女王求子心切，於是親跪於教堂旁邊的聖人墓前，並祈求聖人代禱。一年後，女王在塞維亞（Sevilla）生下唐璜（Don Juan）太子，舉國狂喜，通

1. 這位會士的名字是 Juan de Velázquez（一〇八〇－一一六三）。

宵達旦慶祝三天三夜。伊莎貝拉女王感恩圖報，下令擴建聖瑱・德・奧爾特加原來老舊的仿羅馬式教堂及修院，於是成了傲人的哥德式建築。

朝聖者現今仍可見聖瑱・德・奧爾特加當年的老石棺就在左邊耳堂，傳說中這教堂內有一道神祕的光至今仍然不停出現，這一道奇蹟的光每天會投射到教堂內一根柱頭上的雕刻，這柱頭圖案正是與聖瑱・德・奧爾特加所行的奇蹟有奇妙性關聯，許多西班牙神學家認爲這道光的出現，有若聖經在路加福音的記載，那是天使向聖母瑪利亞報喜的故事，詮釋中充滿無限的奧祕。

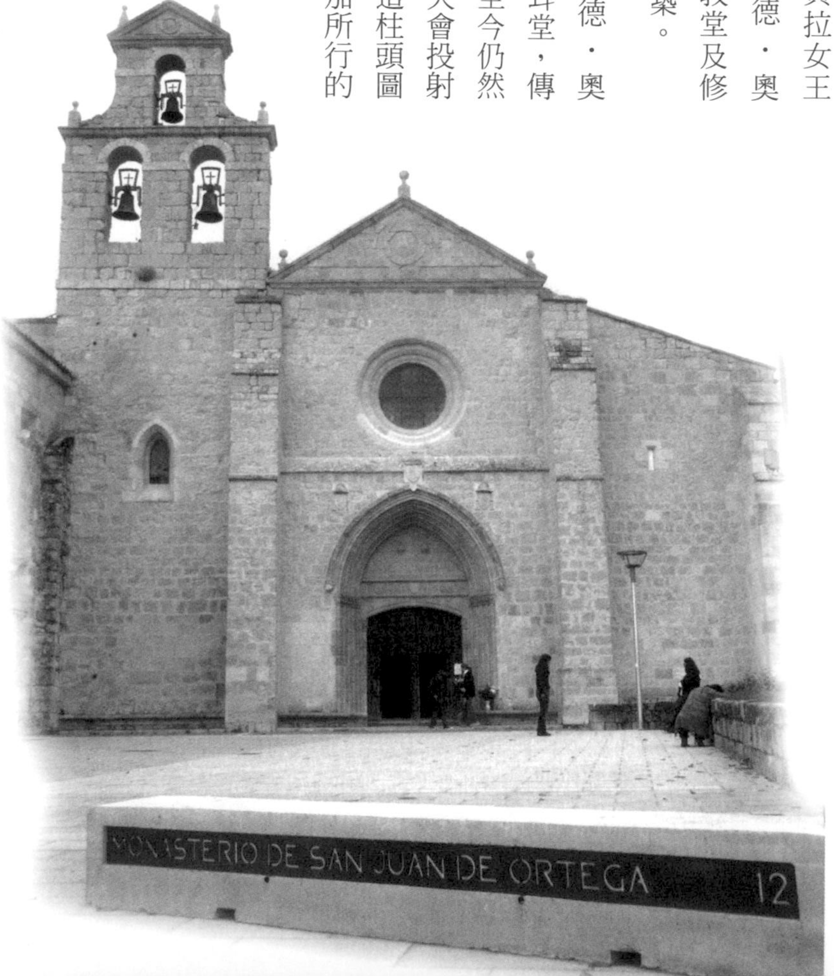

布爾戈斯 Burgos

進入布爾戈斯之前，你會先繞一大圈從外圍走到舊城區，其中會經過不少雕塑景觀，特別是席德將軍騎馬持劍的英姿。他是西班牙中世紀文學的重要人物之一，是戰無不勝的傭兵衛隊隊長，西班牙文名字是 Rodrigo Díaz de Vivar，大家稱他爲「席德②」而聞名。十一世紀期間，西班牙北方的天主教世界忙著對抗阿拉伯人的入侵，當時他扮演重要的角色，是西班牙人心目中的民族英雄。他的一生充滿戰鬥的故事，就像一齣神祕劇有某種迷人的魅力，在布爾戈斯凝聚不可思議的光與熱。

席德將軍的騎馬英姿。

2. 席德（El Cid）是信奉伊斯蘭教的摩爾人對西班牙民族英雄的稱呼，意即「主人」或「大人」、「首領」。

布爾戈斯是朝聖路上的大城市之一，也是人類文化遺產城市，在西班牙享有重要的地位，擁有哥德式大教堂（Catedral）和聞名的 Monasterio de Las Huelgas 修道院，從中世紀時代遺留下來的歷史性建築物來看整個城市的風貌，不難體會出當時的繁榮景象，當朝聖者渡過亞爾蘭索河（Río Arlanzón）橋，走進聖瑪利亞之門和廣場上層層疊疊的古老建築時，不得不驚歎這座城市曾擁有過的豪華痕跡。

布爾戈斯主教座堂。

Camino 路上朝聖者庇護所

小西祖耳
Cizur Menor
R. P. Roncal
948 183 885

烏德爾佳
Uterga
R. P. Ana Calvo
948 344 598

皇后橋
Puente la Reina
R. P. Santiago Apostol
948 340 220

星星鎮
Estella
Ref. Asso. Estella
948 550 200

維雅納
Viana
Parish
948 646 037

洛格羅尼奧
Logroño
Ref. Ass. La Rioja
941 256 976

納瓦勒蝶
Navarrete
Ref. Municipal
941 440 722

聖多明哥・德・拉卡爾薩達
Santo Domingo de la Calzada
Ref. Casa del Santo
941 343 390

貝羅拉多
Belorado
R. P. A Santiago
677 811 847

聖璜・德・奧爾特加
San Juan de Ortega
Ref. Paroissial San Juan
947 560 438

V
灑落在朝聖路上的閃亮珍珠

聖雅各之路經過山野廣袤的大樹林，雖然不可能有兩棵相同的大樹，但是驀然回首一盼，有人說道，這一條從法國延伸到西班牙的朝聖步道，那一座座無聲無息的教堂，多到好像是那麼的一模一樣。事實上，歐洲第一條文化之路的風采，從法國那一端的十一世紀來到西班牙這一頭，經過羅馬時期的圖騰創造，一直到阿拉伯伊斯蘭文化的東方風格，從仿羅馬式到哥德式、再到文藝復興、巴洛克建築藝術，西班牙朝聖路將所有的風格融合在一起，宏偉地爲這個大地做了歷史的見證。這些建築中的石頭雕像，在教堂的黝暗空間中不止悄然完整的存在，眞實生動而且神祕；在這朝聖路上，它朦朧的黑影無聲無息決定每一個朝聖者的心跳、心情和靈魂。

聖雅各朝聖路最美的景觀，應該屬於沿途有如珍珠般撒落大地的大小教堂。對於不熟悉建築藝術的朝聖者而言，一路上面對這些宏偉的建築時，彼此間的觀看和分享，難免使自己焦急不安。眼前出現的石頭建築，爲何令人驚訝，使人讚嘆？這些石頭的莊嚴，如何融合了精神與物質的整體，它們又代表了什麼意境？這座教堂是獻給哪位聖人？打進門廊抬頭一望的雕像刻畫，是要表現什麼宗教主題？教堂裏面的柱子與柱頭，如何知識性解讀？在這一偉大創作中，羅馬式教堂的貢獻何在？它何以凋零？接替它的哥德式建築，又能風光多少？最後，怎樣才能辨認這些圖騰？朝聖者何以能仰首展眉看見它，立即認出它是誰？諸此種種疑惑，確實足以讓朝聖者大爲傷神。

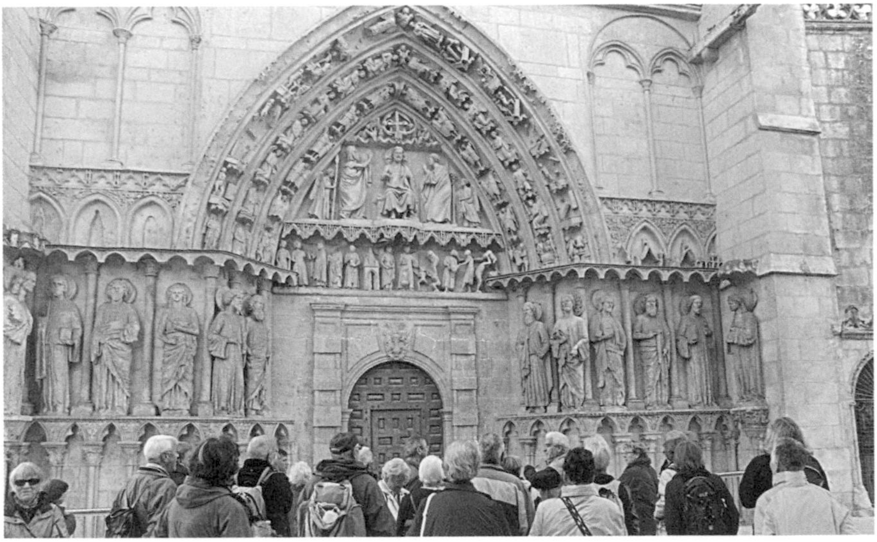

布爾戈斯大教堂立面雕像。

聖雅各大殿西立面大門。

萊昂大教堂入口廊柱的聖人雕像。

在萊昂大教堂前巡禮的朝聖者。

萊昂大教堂進堂大門。

這些疑團，對於素人朝聖者是一堆學問。就在一座接一座的教堂尋訪中，朝聖者從陌生之中細細瞧，慢慢看，最後匯集於八百里路外的聖雅各大殿，讓你一絲不苟的找出答案，找出快樂。

那一天，在朝聖者之夜的分享中，波蘭的朝聖者 Jolanta 給了大夥兒一個很有意思的解釋，她說要理解這樣的困惑，不妨讓朝聖「遲疑的心」等待「聖神的風」吹起的滋味，相信有朝一日可以悟出真諦，找出莊嚴而神聖的劇場背景。坐在旁邊的美國佬，忍不住說出真心話：「Jolanta 這種高層次的思維，真是讓人不容易抓到邊！」其實，我也這麼想。

| 哥德式建築常見的基督與四部福音象徵雕刻。

| 萊昂伊西德羅（Isidro）大教堂的門楣雕像。

中世紀聖安東（San Antón）醫院的遺跡。

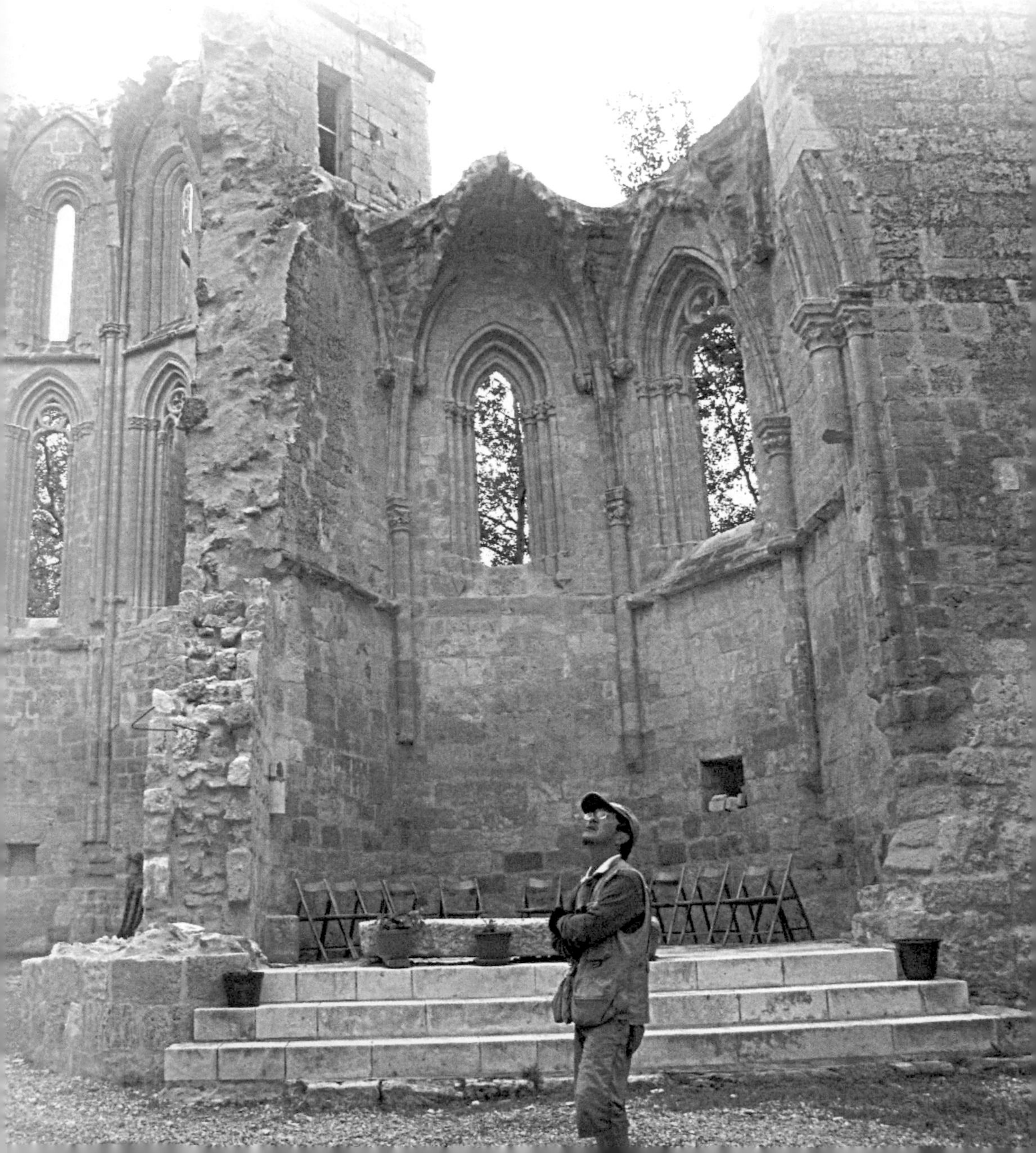

的確，聖雅各朝聖路的每一座教堂，在當時是庶民一生中，從生到死的宗教內涵及信仰依賴之所在。因著教堂的呈現彷彿告訴來往的朝聖者，千百年來，人與教堂之間存在著一種難以描述的生活關係，這些關係的過程表達出教堂是小老百姓參與生活奉獻的成果；漫長的建築工時和所費不貲的宗教遺跡，不但是那時代的民脂民膏堆砌而成，也是宗教時代留下的精彩見證。

***Romanesque* 的身世**

從另一方面來說，朝聖者探看宗教建築與藝術時，不必捲入太多的宗教論戰，需要認識的是這種風格的時代背景與建築的統一性。仿羅馬式建築起源於西歐國家，隨著一〇五四年羅馬教會與拜占庭教會分裂後的發展，透過西羅馬帝國西進的擴張，這時期的羅馬教會已大大地擴展了它的範圍。歷史學家為仿羅馬式建築的歲月界定，大約是從第十世紀開始形成，十一世紀發展起來，當時，起步仍然是粗糙而搖擺不定。隨著十二世紀基督思想的盛開怒放，羅馬式風格的本質有了更穩定的呈現，在十二～十三世紀才逐漸讓位於哥德式風格。

然而，所謂仿羅馬式教堂包括什麼呢？我們不妨從朝聖者不能停歇的腳步說起。每天清晨，路邊的羅馬式教堂建築，把人帶往朝聖路的目標走去，它的出現像是一聲聲無言的驚訝。羅馬式建築風格（Romanesque）在中文有不同的譯法（羅馬式／羅曼式／仿羅馬式），該詞是由十九世紀的藝術史學家創造出來的。羅馬式建築是中世紀西歐的哥德人仿照羅馬帝國時期的建築形式而來，沒料到在「畫虎不成反類犬」的發展演變之下，造就出一座座的建築，輕而易舉地令人長嗟永嘆。以現代人的眼光重新凝視它，看著它悲憫地融合宗教之神聖與心靈之美於一體，卻又以如此簡單的線條鬆綁著世界，看似無名工匠的壁畫，卻是無窮空間的永恆神聖，所見的一切，是那麼的眞實而毫不鬆散。

石頭也會傳遞情感

我曾試圖想像過這樣幽黯的空間情景，可是，這種思維讓我無助癱瘓地呆望著它們。那懸浮在空中哭笑不得的死亡臉龐圖像，不合比例的身影，當我再三凝視它時，感覺自己似乎走到生命的岔口，這岔口很是折騰，充滿我看不見的世界，這種時光的凝視，令人不願意挺起腳步，不論往左或往右探尋，生與死這兩個世界都很瘋狂。當然，我只曉得，懸掛在十字架上的耶穌是在慢慢滴血中死去。回想波蘭朝聖者 Jolanta 那天晚上說到激動處，忍不住懸著淚水，最後把手摀住臉龐的剎那間，那場面感人極了！

中世紀仿羅馬式教堂的東立面建築式樣。

美國佬一直弄不清楚她的悲鳴狀況，我那想像與現實交錯的回憶，迴旋在Jolanta 的泣然，頓時也感覺到一陣心痛。這些圖像和儀式，在沿途教堂的朝聖彌撒當中，透過歷史傷痕的重現，都有說不出的所以然，不管十字架如何回應朝聖者單純的祈禱和需求，它是一種宗教信仰的生命和法則，雖然我不是很虔誠的基督徒，我仍然願意如此想著。

其實，這一大片圖像似有若無地反覆述說一件深刻的故事，姑且不論人是否獲得救贖，石雕中總有著黯然寂寞之感。不論你怎麼看它，由有形之體，見無形之心，它終歸屬於我們的世界，而且充滿了莊嚴沉潛的生命情感。這種人與神相見，思與理相通，從人世間愴然縈迴、四顧踟躕的朝聖相遇，你不是看到死亡，就是看到重生。

仿羅馬式教堂＝耶路撒冷的聖墓？

從朝聖路起程第一天，在法國境內所見到的羅馬式教堂，一直到西班牙自治區大大小小的羅馬式教堂，你將不難發覺這種建築的特色。在那段路程上，有好幾天我和 Jolanta 走在一起，發覺她對基督教會的歷史頗有了解，對宗教建築也有特殊情感，在她眼中的羅馬式建築，具有多重性格。我最喜歡聽她開講，看她如何在這些「老古董」般的教堂身上下功夫。在她看來，羅馬式建築比較單純，但是，當

朝聖路上的十一世紀羅馬式教堂。

後羅馬式教堂的玫瑰窗。

布爾戈斯大教堂的彌撒禮儀。

我看到這種莊嚴空間的呈現，忍不住好奇發問：「究竟羅馬式建築要傳達什麼宗教思想呢？」走回庇護所途中，我發覺 Jolanta 板者臉孔，一付認眞地思考我對她的提問，她臉上的那種表情屬性，我無法詮釋，也無從理解，但卻會讓每一個人都相信，今晚，她的眞理故事又要開始綻放了。

Jolanta 有著尖細的嗓音，肢體語言相當豐富，因此我特別留意她說這段話時的語氣：「羅馬式建築的特徵，不難從門廊牆壁中的聖經人物及預言故事看到端倪，這些不外乎描述耶穌基督和他對十二個門徒的教導……。」她興緻勃勃對我們說起：「耶穌之成爲西方文化中倫理精神的表率，乃是他的死亡風範，從容就義的精神是爲了眞理，同時當他死亡的時候，他的精神和人格，吐出最後的光芒，傳給世人永恆不滅的光輝，這是基督宗教的核心教義。」原來，她的聲明不就是基督宗教所崇拜、一位爲拯救人類而獻身的耶穌基督？這位上帝永無休止的代人贖罪的行爲，在教會的聖體聖事中得到體現。所以 Jolanta 認爲，每一座仿羅馬式教堂都是表徵耶路撒冷耶穌基督「聖墓」的含意，它的扁平比例及內部三間隔局的陰暗內堂，正說明一個生命在懷胎女人子宮內的陰暗等待，從這個生命的出生到死亡，都在這種教堂的宗教禮儀及聖事中完美呈現，它的每一信仰面向都提醒著基督徒，只要經常而自願地分擔耶穌基督的苦難，便可得到幸福；然而這個幸福並不寄望現世，而是必須在面對死亡的終極思考時。

我終於發現，Jolanta 是以神學意涵中的「墳墓」去感受仿羅馬式教堂，如此，從耶路撒冷的聖墓大教堂類比出大大小小的仿羅馬式教堂。我頗願意借用她的看法，陪伴我在前往聖地雅各途中與每一教堂的相遇。由此看來，在中世紀流行的神祕主義語言中，人們一開始就用「天堂」這個字眼來稱呼仿羅馬式教堂，並非沒有道理。天堂對應地獄的故事，成了羅馬式建築中西向立面最常見的場景，這通常與聖經中的「最後審判」有很深的聯結。

朝聖者不妨在行程出發前，花一點時間研讀聖經，或就近向天主教神父請教聖經故事，快速而簡明地獲得靈啓概念。一旦有簡約的聖經概念，沿途這樣觀看的迴盪就成了你幸運的一瞥，你才可能體會那眞情動人的光輝畫像，它提醒人生永遠的取捨和永恆的追求，同時也提醒自己，究竟一生追求的生命價值是什麼？

最經典的仿羅馬式教堂

聖雅各之路上至今留存最完整的仿羅馬式教堂，就屬弗羅米斯達（Fromista）的聖馬丁教堂（Iglesia de San Martín）了，它是 Jolanta 認爲滿有看頭的一座教堂，也是我心目中最優美的仿羅馬式教堂之一。它於一〇三五年開始興建，並由 Doña Mayor 於一〇六六年獻堂，如今如此大塊頭的莊嚴，巍峨矗立在不到一千人的小鎮上，顯然讓人感覺到一種不成比例的突兀。

｜ 弗羅米斯達十一世紀的羅馬式教堂。

｜ 萊昂大教堂入口門廊的聖人雕像。

弗羅米斯達教堂的正面全景。

羅馬式教堂的柱頭雕像。

羅馬式建築的壁雕。

教堂內部的三百多根石雕樑柱，擁有裝飾著逼真的人類及動物形象，彼此之間形成一個美麗的八角形圓頂和十字通道。一八九四年因不再適合用於教堂而歸建於西班牙國家歷史文物。廿世紀初，有過一次翻新，一九〇四年重新開放。它有四個入口，是典型的羅馬式外觀，從牆壁到樑柱，各種雕像充滿一股神祕的氣息。教堂外立面的比例非常諧調，上面雕刻了不同類型的人、動物、神祕或神話人物。教堂右後方就是修院改建的公立朝聖者庇護所。

朝聖路上，我慢慢體會仿羅馬式教堂存在的奧妙，覺得自己像個孩子般的被召喚，一路尾隨著每一個教堂，更無視於自己的無知，在一排排柱頭前徘徊不去。「仿羅馬式」的宗教風格，不管在朝聖路何處，你無法不用目光仔細打量它一番，從進門仰觀的拱廊——「天國審判」引發的象徵概念，到陰暗內牆的拱窿（vault），無論是拉丁十字格局，或是希臘十字形、圓形或是八角，種種藝術形式如同祂創造中的規律，裡裡外外一切都是清晰可辨的意涵：原罪與死亡，復活與永生；每一個圖畫意象中，人物比例雖是誇張，但時間與空間的思考體系，看來卻又是那麼獨特，那麼自在。

這些沉默不語的石頭圖像，確實是如此不可思議的組合，一個個似夢，「雖超世而未越世，雖同人而不與人」。這一切像似雙面鏡，你所見與其隱含不可見的對看，那眞是難以說清楚。我喜歡站立在廊道與它們彼此默觀，瞧瞧工匠藝術家

仿羅馬式羅馬式建築教堂中的小聖堂。

為它們創造出的美妙位階，一個彷彿在面前即被看穿的一種詭異。我相信，這些翛然自在的石頭，雖然支離破碎，卻用人們看得懂的美，回應我的凝視。重要的是，它們對我好像視若無睹，但又朝著我看，想必在我空洞的眼神裏，看見的只是自己，而不是我們。我一再追問Jolanta，假若我捨棄了宗教的眼光，無知地看待他們，那麼從這一切中，我還能看到什麼？這一回，輪到Jolanta豎耳傾聽我的困惑。

那一晚，我們這一群朝聖者在星空夜語中分享彼此沿路所見的宗教舞台，對於仿羅馬式教堂的生動奧祕，大家雖有如此同感，驚訝之中卻沒有人可以再解釋這件事。

朝聖者回響

傾聽曠野裡的聲音

Camino 朝聖者／劉子瑛

二〇一四年五月，趁著轉換工作跑道的空檔，我帶著七公斤的行李和一顆未知的心，前往西班牙展開兩百公里的徒步朝聖之旅。出發前我對這趟旅程並沒有太多想像，什麼樣的人叫做朝聖者，朝聖的意義爲何，也不清楚。我只知道，我需要一段自己的時間，跳脫原本的生活環境，思考未來的路。帶著如此單純的渴望，我獨自一人上路了。

從波費拉達（Ponferrada）到聖地雅各，經過十天九夜，用雙腳走過了兩百公里的路。這當中經過了高山與田野、城市與鄉村、烈日與大雨、汗水與淚水、還有身體上的痠痛。在路上，朝聖者們過著很簡單的生活，爲了減輕身上的重量，往往只帶著最基本的生活所需。拋開了物質的枷鎖，

心好像變得更自由，人與人之間的距離也變近了。不論是朝聖者之間一個窩心的問候與一雙幫助的手，庇護所的志工與工作人員爲朝聖者奉獻服務的心，或是靜靜地在大自然中體驗天主的創造，處處都能感受到天主的臨在。

我相信天主用不同的方式觸碰走朝聖之路的每一個人。茶餘飯後和其他朝聖者交流分享時，我發現不管是不是基督徒、相不相信天主的存在，幾乎每位朝聖者在路上都有多次感動落淚的經驗。在我行走的兩百公里路程中，天主就曾經多次藉由不同的方式觸碰我。

身與心獲得釋放

記得那是我上路的第三天。那天下著大雨，起著大霧，我剛剛爬上海拔一千兩百多公尺的小村莊歐塞布雷羅。又濕、又冷、又累，狼狽之中我看見路邊有一間教堂，就進去躲雨取暖、順便休息。聖堂裡面好安靜、好舒服，晃了一圈後，我發現聖堂的一個角落有個看起來像是聖體櫃的玻璃櫃子，就決定在櫃子前坐下來和耶穌聊聊天。坐下來後看見椅背上放了一張以下的禱文：

Most high, glorious God,	至高光榮的天主，
Enlighten the darkness of my heart,	請照亮我心中的黑暗，
And give me, Lord,	主，並且賜給我，
A correct faith,	正確的信德、
A certain hope,	堅定的望德、
A perfect charity,	完美的善心、
Sense and knowledge,	覺察與知識，
So that I may carry out	使我能夠完成，
Your holy and true command.	禰那神聖與真實的使命。

讀完這篇禱文後，我坐在椅子上望著聖體櫃，突然間我開始流淚，身體的勞累與心裡的負擔，在這裡似乎得到了解放。回到台灣後有天偶然看到，這個地方在西元一三〇〇年曾經發生過一個聖體奇蹟，耶穌顯現給一位不相信聖體內耶穌眞實臨在的神父，於是在彌撒中，餅酒變成了眞實的血與肉。原來那天我面前的玻璃櫃子裡，正保存著奇蹟發生時使用的聖爵，還有基督的血與肉。當時的我並不知道這個奇蹟，對於突如其來的眼淚也感到有些不可思議。之後在路上也曾多次感動落淚，其中讓我永生難忘的是抵達聖地雅各的那天，和好聖事中耶穌親自對我說的那些話。當朝聖者彌撒進行時，內心的激動再也擋不住，眼眶好像關不緊的水龍頭，只能任憑淚水不停地溢出。

曾經有一位美國的朝聖者在走完朝聖之路後分享，朝聖之路的前三分之一治癒你的身體、中間三分之一治癒你的心、最後三分之一治癒你的靈魂。天主給走這條路的朝聖者很特別的恩寵，不管人們是否相信祂，祂在這條路上進行很多靈魂大改造。

朝聖：回到最原始的生活狀態

路上的每位朝聖者，都有著不同的渴望與故事。在朝聖路上，沒有人會在意你好不好看、有什麼樣的社經地位。所有走在這路上的人都只帶著一種叫做「朝聖者」的身分。能夠與其他朝聖者一起分享這段尋找的過程，彼此支持與協助、交流與鼓勵，這是朝聖路上我很喜歡的一個部分。在路上，我常常被其他的朝聖者問「我可以和你一起走嗎？」日常生活中，有多少時候我們把自己的心關起來，不願意跨出去也不願意讓天主和別人進來？在人生的旅途中，如果我們願意和別人一起走，也願意讓別人和我們一起走，那會是多麼美麗的一件事。

朝聖之路並不是一條讓你走完後就可以找到所有人生答案的神奇道路。這段旅程是天主放在每位朝聖者心中的種子，種子是否會發芽結出果實，需要灌溉也需要時間。文字並不能夠正確地描述這趟旅程爲我的生命

所帶來的轉變，這種只可意會不可言傳的改變，唯有親身經歷、實際走過這幾百公里的路，才能體會箇中滋味。也許，我們的生活需要回到最簡單原始的狀態，才有空間讓天主進來，才能感受眞正的平安。

離開聖地雅各至今接近兩個月，這條路帶給我的感動與力量，才漸漸開始變得清楚，而我對於再度回到這條路上的渴望也日漸加深。對我來說，抵達聖地雅各並不是一個結束，而是另一個開始。It is the start of a pilgrimage of life. 我的朝聖之路才正要開始。

Carrión de los Condes 卡里翁・孔德斯

Burgos 布爾戈斯

Fromista 弗羅米斯達

Hontanas 宏達納

Boadilla del Camino 波阿地牙・德・卡米諾

San Antón 聖安東

Castrojeriz 卡斯羅赫莉茲

León 萊昂

Légigos 勒基溝

Mansilla de Las Mulas 芒西亞 · 德 · 拉穆拉

San Nicolás del Real Camino 真卡米諾的聖尼格老

El Burgo Ranero 艾布爾戈 · 拉內羅

Sahagún 薩阿貢

Bercianos del Real Camino 真卡米諾的貝爾加諾

弗羅米斯達 Fromista

弗羅米斯達這地名是從拉丁文Frumentum一詞而來，是穀物集中區之意。在第一本聖雅各之路朝聖指南《加里斯都手抄本》裡，清楚記載著這裡有朝聖者美味的麵包。從這裡距離目的地聖地雅各還有四二〇・六公里，因此早期是朝聖路穀物輸送的中樞點。城區有六座教堂，其中相當突兀而高大的是十一世紀仿羅馬式聖馬丁教堂（Iglesia de San Martín），這座教堂在聯合國教科文組織宣布聖雅各之路入選爲世界文化遺產後，同沾雨露，共享光彩。如今這個位於朝聖路上的小鎮成爲觀光小城，許多觀光客前來弗羅米斯達就是爲了一睹這座羅馬式風格的教堂。

聖馬丁教堂廣場前立下的世界文化遺產標記。

卡里翁・孔德斯 Carrión de los Condes

卡里翁・孔德斯是中型城市，在中世紀期間曾有高達七間的朝聖醫院庇護所，目前這個城市仍保留多元的朝聖文化。市區有三家庇護所，兩家青年旅館，一家三星級旅店，這個城市大街小巷充滿中世紀的鵝卵石街道，你可輕易找到市區一家大型超級市場，它可滿足你朝聖路上所需的採購。教堂附近有餐館，當地有非常好吃的羊肉，這裡的朝聖餐①（10~12€）份量不少，物超所值，不僅便宜又是正宗的傳統料理。值得一提的是，這裡的朝聖餐搭配有大蒜濃湯，小羊排及黑色布丁，一向很受朝聖者好評。修道院庇護所是由修女管理，晚間有朝聖者祈禱會，每個朝聖者可以用自己國家的語言高歌一曲，濃濃的人情味襯托出宗教氛圍，像是一場Party。

1. 朝聖餐（Menu de Peregrino）是專為朝聖者提供的經濟菜色，價錢很公道。一般小館子的朝聖餐有三或四道菜，湯品、開胃菜、主菜及甜點。有些地區朝聖餐裡頭搭配著肉菜飯，是由肉、蔬菜及豆子三種原料混合而成，蠻適合東方人的口味。

走出卡里翁・孔德斯城後的景觀與前面走過的路段景觀相較，果眞頓然變色，紅色碎石路長長地鋪陳，沿途一路行走十七・二公里，沒樹蔭，沒有酒吧，越過公路仍可見古羅馬帝國時代遺留下來的古橋，如今仍可使用，羅馬人的工法，眞不是蓋的！這段路在夏天可看見大片田野的向日葵，給朝聖者帶來無限喜悅。

過了向日葵區，有人戲謔的說：接下來的路是「魔鬼之路」！好長一段連樹木、樹影都沒有了，用西班牙語"Bocadillo"（三明治）來形容走在這種路上的心情，眞是再貼切不過了。酷熱的天氣裏，朝聖者就像三明治中被夾烤的肉片，炎熱的滋味可想而知，定會讓人失去笑容。然而在這裡，也有值得讚許的凝視，就是陽光太充足，而且不存在空氣汙染，完全沒有噪音。

後段路沿途只有一邊樹林，加上修剪太整齊的矮叢，縱然有單邊綠樹環繞，也找不出蔭涼處，只見朝聖者三五成群窩在太陽底下，有人把背包丟一邊猛喝

朝聖者之夜。

水，有人乾脆就光著身子攤在路旁喘息，如此有趣的畫面，在此時刻見怪不怪。快來到卡薩地亞．德．拉圭撒（Calzadilla de la Cueza）忽然刮起一陣強風，超強而怪怪的風暴，朝聖者紛紛走避，事實上，路上無處可躲，只好閃到路邊，用帽子摀住臉龐，以免風沙走石擲到臉部，幸好來的快，去的也快。這段長長路，聽說常出現這樣的怪風，而這地區特有的土磚土牆建造的土房子，其結構特別抗風壓，眞不知有影嘸。

庇護所前的朝聖者雕像。

勒基溝 Légigos

順著 N-120 公路指標來到勒基溝，兩邊只能看到農田，貧窮的小村沒有高貴的建築，唯一的一家庇護所（Albergue de peregrinos El Palomar）外觀是古舊的紅瓦土牆，內部是古老農家的設備和令人好奇的傳統窯洞和傳統器具，這一站也提供戶外自備露營區，幾個老外已迫不及待在做日光浴。來自法國的朝聖者帶著心愛的狗兒一起來朝聖，這位年輕人，驚喜又碰面，瞧瞧他的狗兒似乎累壞了，已失去搖尾巴的力氣，一副楚楚可憐的模樣，你可別小看牠，牠脖子還掛有朝聖貝殼呢！一路上，眞是爲難牠，因爲有的庇護所不能讓寵物一起入住。因此，今晚且停在戶外區，自行搭起帳篷，然後，晚上跟大夥兒一起躺在漆黑的草坪上看星星。

薩阿貢 Sahagún

經過幾個小村莊後，我們來到西班牙最大自治區萊昂（León）省份的薩阿貢（Sahagún）。這裡除了有西班牙多種建築融合的面貌之外，你若特別在建築與風格的變化上多加注意，將會有更多的理解和欣賞。更吸引朝聖者注意的是，這裡有一個火車站，在朝聖路能看到火車站是新鮮事，特別是當火車出現在朝聖者的視線中時，頓時會感覺到那是另一個世紀的產物，一時無法適應。

薩阿貢城鎮地標——聖貝尼托拱門。

Camino 路上朝聖者庇護所

布爾戈斯
Burgos
Ref. Muni. Casa del Cubo
947 460 922

宏達納
Hontanas
Ref. Municipal San Juan
947 378 521

聖安東
San Antón
Hospital Peregrinos de San Anton

卡斯羅赫莉茲
Castrojeriz
La Cachava Hotel
34 947 37 85 47

波阿地牙・德・卡米諾
Boadilla del Camino
En El Camino
979 810 248

弗羅米斯達
Fromista
Ref. Municipal
979 810 089

卡里翁・孔德斯
Carrión de los Condes
Ref. Paroissial
979 880 134

真卡米諾的聖尼格老
San Nicolás del Real Camino
R. P. Raganares
979 188 142

薩阿貢
Sahagún
Ref. Municipal Cluny
987 782 117

艾布爾戈・拉內羅
El Burgo Ranero
Ref. Ass. Domenico Laffi
987 330 047

芒西亞・德・拉穆拉
Mansilla de las Mulas
Ref. Munifcipal
987 311 800

萊昂
León
Punto de acogida Monasterio de las Benedictinas
987 252 866

VI 不想迷路？就靠黃箭頭！

標記在馬路上的黃箭頭。

聖雅各朝聖之路從法國境內一直延伸到西班牙，這八百多里路在歷史的進程中，陸陸續續出現多種指標符號，將朝聖者領往聖地雅各。其中最受歡迎的記號，就屬黃色箭頭了。黃色箭頭的美，從朝聖路第一天開始，就在路邊散發出一種細緻的導引氣息，第一次看見它，也許說不上美；但是，儘管它線條簡單，卻仍然在路途上扮演令人驚心動魄的歡呼與盼望。然而，我更好奇的是，朝聖之路的黃箭頭如何抓住人們的眼睛？何以讓人盡情穿越中世紀的時光？這漫長的行走考驗，每一步履遇見的羅馬遺址、蜿蜒山谷、羊牛馬群、浩瀚的原野、森林的迷霧……處處充滿想

大石頭上的黃箭頭。

在庇里牛斯山追霧的樂趣。

標記在民房牆壁的黃箭頭。

巧遇牧羊人的羊群大隊。牧羊犬走在前頭帶路。

像的讚嘆！明亮的黃色，搭配上這一幕幕的自然景象，這麼美妙的創意是如何出現在聖雅各朝聖之路呢？好多人在第一次朝聖路上時都會詢問，但或許遇上的都是素人朝聖者，往往功課做得還不夠，只好訝異地四下環顧，無法言語。

直到我第二次走上朝聖之路，在聖地雅各庇護所遇上一位荷蘭的長 **Van Agt**，才發現一段不凡的故事。他老人家在二月時令，從荷蘭故鄉 **Breda** 出發，一個七十七歲老人踽踽獨行，過了隆冬、走過春末，最後六月六日與我在聖地雅各修院的庇護所相遇，他的勇氣與毅力，是歐洲老人退休人生的開創寫實。每一次，我在前往聖地雅各路途中所見到的朝聖老者，他們所經歷的朝聖冒險，如同朝聖路上的梧桐一樣，高低起伏又富於奇想。對我而言，聆聽這種經歷的曲折呈現，經常讓我驚奇地說不出話來。

七十二歲的法國朝聖者。

那一天，**Van Agt** 倚在窗邊順口說起黃箭頭的傳說，這是聖雅各朝聖之路的眞正故事，我終於領受它的奧妙。早期朝聖者，循著黃箭頭這個標記，穿越庇里牛斯山，走過村莊、原野山林，因此黃箭頭其實就是實際的朝聖路線。

來自瑞士的七十五歲朝聖者（左）與西班牙村莊的老者（右）。

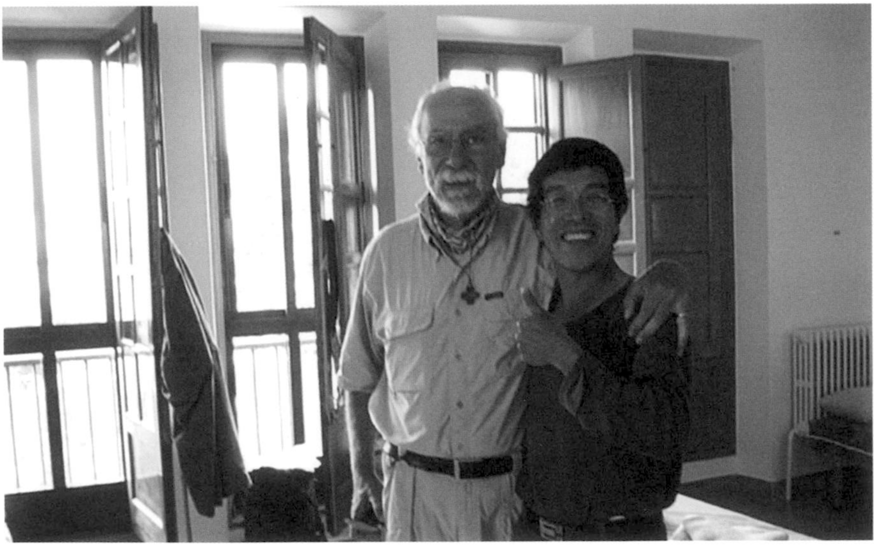

左爲七十七歲的荷蘭朝聖者 Van Agt 。

從歐塞布雷羅山頂眺望加利西亞的風光。

加利西亞省當地特有的 pallozas（圓錐形茅草屋），起源於凱爾特人時代。

黃箭頭的故事

黃箭頭起源於加利西亞（Galicia）歐塞布雷羅（O' Cebreiro）這深山中的小村，與一個神父的神奇夢境有關。是的，這一切像神祕的芳香，讓人頗爲感動。因爲，箭頭不是人創造出來的，它來自教會「聖神」的推動，如此你才能開始理解，聖雅各朝聖之路這項艱鉅的任務與黃箭頭當年設計者之間的神奇關係。

一九五九年，他三十歲，被派遣到這教區當神父，由於得自夢境的深刻啓示，構思了黃色箭頭，起先從薩里亞（Sarria）往聖地雅各這一路段做起，後來得到教區的支持，於是從庇里牛斯山沿路開始用油漆畫上箭頭，一路指引朝聖者走到聖地雅各。他的努力促成了「朝聖者協會」，後來更匯集更多學者，政治家，主教，藝術家，知識份子融入聖雅各之路的整體規劃，一九八七年更成功地召開哈卡（Jaca）國際會議①。一個月以後，歐洲議會正式宣布「聖雅各朝聖之路」爲「歐洲第一條文化之路」，從此黃箭頭與貝殼標誌，走入歐洲人的心中，開始聖雅各朝聖之路的復興年代。兩年後，他驟然去世，享年六十，歐塞布雷羅就成了他人生最後的安息之地。這位聖雅各之路黃箭頭的設計大師就是Don Elías Valiña（1929-1989）。如今，當你來到這山上，不要忘了跟這位老神父的墓碑打聲招呼喔！

1. 哈卡國際會議商討全歐洲聖雅各朝聖之路的路線規劃以及相關配套措施，全歐洲就朝聖之路達到共識，從此 Camino 在歐洲也有了歷史定位。

SANTIAGO
315 Kms
ULTREIA

忽略黃箭頭，坐困愁城

荷蘭 Van Agt 老伯伯的朝聖經驗提醒我，一旦離開黃箭頭，就必須意識到你已離開主航道，必須趕緊回頭。事實上，朝聖者每次踏出庇護所，都得靠它才可能順利走出村莊，一旦你忽略它的存在，過度自信自己的直覺，在大城區就得七繞八繞，繞得天旋地轉，徒然心慌慌，最後還是得屈服於那個黃箭頭。二〇一〇年當我第三度行走朝聖路時，就遇上一曲荒唐的迷路風情，故事發生在波費拉達（Ponferrada）這個不大不小的城市。

那天晨光出現之前，我和二位美國華盛頓州立大學生一起離開波費拉達庇護所，預定往卡卡韋洛斯（Cacabelos）方向走到康波納拉雅（Camponaraya）。此一段路程約莫十公里路，有二條路徑可走，卻發生難以想像，卻也難得一見的迷路風情。同一時段的朝聖者前後有四路人馬，竟然不約而同在波費拉達市區迷路。好笑的一群朝聖者，像一個遊行樂隊，有法國人、愛爾蘭人、比利時人、荷蘭人、美國人、加拿大人還有羅馬尼亞來的朝聖者，大夥兒包括我這隻台灣小羊共十三隻，忽然不約而同撞在一起。一大清早，一群人忽然找不到路上的黃箭頭，負責領頭的不由得慌了手腳，於是趕緊找個路人甲，用彼此搞不清楚的語言，窮追不捨地問起出城的路徑。

清晨出門的朝聖者，經過波費拉達城市地標——聖殿騎士團城堡。

走在康波納拉雅市區的夫妻檔朝聖者。

美國大學生第一次朝聖行。

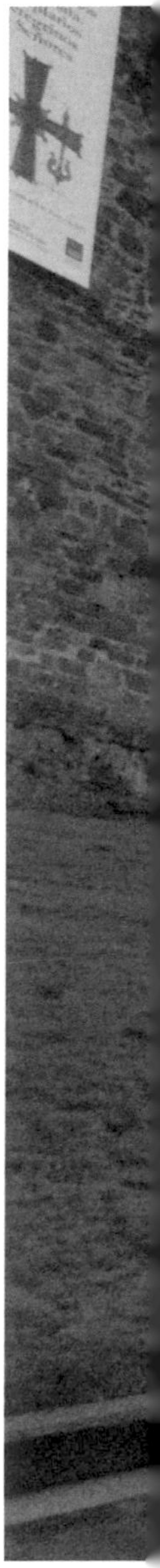

好心的西班牙老伯伯，被一群慌慌張張的老外七嘴八舌地圍堵驚問，嚇得驚慌失措，好不容易吱吱唔唔指出一條「迷津之道」，眾人睜著大眼、望眼欲穿，朝著黃箭頭方向齊步走，開心的大搖大擺走在沉睡的街頭。沒想到才走不到一百公尺卻發現黃箭頭忽然又不見了。這下子，蝴蝶不飛了，宣告集體迷航，我們這群人好比迷路的天兵，就在城市酣睡的晨曦中東張西望。兩位美國來的大學生第一次行走朝聖之路，第一天行程選擇跟著眾人走，沒想到就遇上如此絕妙的四隊人馬，這不約而同的迷航默契，真是令人看得傻眼。

法國佬臉色有點不悅，沉不住氣地直抱怨這個城市的指標真是亂糟糟；比利時佬這回代表眾人發言問路，沒想到竟換來眾人的大驚奇，只好閉起眼睛沉思。加拿大的朝聖者像個哨兵趕緊四處瞭望，羅馬尼亞的婦人不停對著比利時佬比劃手勢，愛爾蘭朝聖妹看來最若無其事，倒是荷蘭來的老夫老妻最神，說要帶大家祈禱。這清晨，還真是街頭不見一人的安靜，連個清道夫也見不著，一群人無奈地僵立在清晨的街頭，這膠著的十分鐘，無法甩掉的左顧右盼，真是有意思。大家或坐或蹲，望著街頭，期待何方神聖會出現在這群迷途羔羊的面前。

最後，終於來了一個早起的路人乙，找到指向聖雅各街（Calle Camino de Santiago）的黃箭頭，眾人這才重新上路。

▍即將進入森林小徑的「貝殼＋黃箭頭」指示牌。

▍跨越人行道的貝殼指標。

▍終於找到了黃箭頭！

這一回，黃箭頭終於順利幫助眾人脫困出城。

來到康波納拉雅小鎮路口，我遇上前一晚的室友，這才恍然大悟，原來有兩條路徑通往卡卡韋洛斯。第一隊比利時人馬，一開始出門就走錯邊，第二隊法國人馬，太有自信地跟在他們後頭，第三隊雜牌軍，不疑地，依樣畫葫蘆跟進，第四隊美國年輕人與我殿後，簡直是瞎子摸象跟著走，結果在城市街頭演出尋找黃箭頭的荒謬劇。這一齣戲，起先每一個朝聖者各就其位，目標一致，覺得只要循黃箭頭出城去，一切就好接軌了。怎知走在前頭的領頭羊自信過頭，忽略黃箭頭的存在，踉蹌前進，讓眾人的靈魂屏住呼吸，直到康波納拉雅才落幕一鞠躬。

老子曾說：「合抱之木，生於毫末。九層之台，起於累土。千里之行，始於足下。」這是老子靈明之心的實踐體認，也是他生命最美麗的情感，我明白東方的心靈世界，永遠對大自然有最深遠及最眞切的探訪；而西方朝聖路的黃箭頭始於足下，它賦予大地靈明之性，讓朝聖者緊緊抓住一個蒙神聖澆灌的世界，心靈自在的行走於光之線（ley line）②，將生命力充沛地翻滾。

經過這碼迷途糗事之後，往後在朝聖路上看見黃箭頭時，我的腦海裡便出現種種有趣的畫面，有如黃色塗料抹在我臉上的感覺一樣。對我而言，不管橫衝直撞或漫步，一旦失去它，我將無法看清眼前的道路。

2. 中世紀以來，聖雅各朝聖路即有銀河路（Milky way）之稱，因它對應銀河星系能量的垂直地帶，許多神祕主義者相信它是反映銀河星空光之線（ley line）的能量延展。

朝聖者回響

三個朝聖禮物

Camino 朝聖者／姜樂義

「朝聖不僅僅是去走踏一趟或拜訪一處聖地，更重要的是，這趟神聖之旅能夠帶領我們去參與一段歷史中的決定性事件，一段能夠聯繫我們當下的生活，並且指向未來的神聖歷史事件。」

回探聖雅各之路，與人分享滿溢的回憶，是一種喜樂就像活水一樣，渴望湧出，並流向他人，且細數我從 Camino 路上獲得的生命禮物。

第一個禮物

二〇一三年我與太太在退休前參加以色列的聖地朝聖，之後在因著生活習慣簡樸，我對花費不小的國外朝聖，是不太注意。二〇一四年受邀到羅馬梵蒂岡出席教宗方濟各的就職大典，好奇得知中世紀有耶路撒冷、羅馬及聖雅各之路三大朝聖路。如今，三大朝聖路我已走過二處，而本就喜好登山與健行的我，第三處以徒步朝聖的方式很吸引。之後，正好看見陳墾先生《一個人的 Camino》一書（即本書初版）出版，他的新書分享聖雅各之路各種美好吸引了我，記得陳墾說：「走聖雅各之路的朝聖者路上會得到很多禮物」，沒想到在二〇一六年以台灣明愛會國際志工召集人身分，赴梵蒂岡參與聖德蘭姆姆（Mother Teresa）宣聖典禮，自己既到了歐洲，就乾脆提前成行。所以，九月走上了法國之路，算是六十歲生日第一個禮物。

第二個禮物

決定行走聖雅各法國之路後，而且徒步走八百公里，以我的身體狀況並沒有任何需要吃藥的病症，但右腳膝蓋偶會有酸痛，似已有些退化性關節炎的徵兆，眞的擔心是否能走完全程。而我的膝蓋偶而走一小時以上後會微些酸痛，法國露德聖母顯現朝聖地離聖祥．皮耶德波不遠，台灣明愛會李玲玲修女來信提醒，露德朝聖地聖水池的沐浴有療癒效果，在走入聖水池時瞬間，聖水冰澈骨讓人冷得直發抖，但說來眞的很神奇，我的膝蓋

▎法國村 Villafranca del Bierzo 十二世紀仿羅馬式聖雅各教堂（陳小茜提供）。

自當天之後，直到走完聖雅各之路全程就沒再有疼痛過。這一路每天平均走二十～二十五公里，且還負重十多公斤上下坡走，一路原本擔心的膝蓋痠痛，卻竟然都沒發生。這是我收到的第二個禮物。

第三個禮物

第三個禮物是在聖雅各之路第二十四天，一場登山鞋失蹤記。事情是當天半夜兩點半起床，突然發現我的鞋並不在鞋架上，只剩我的襪子在鞋架上。在此路上供宿的庇護所，鞋都是要放房間外的鞋架或另有房間存放，每天都是天未亮摸黑出發要好找，為方便自己記得放的位置，會盡量靠最邊放，而我幾乎是中午前幾名報到登記，所以很容易放在較好的位置。回想我前一天中午，我是第一個走到此公立庇護所登記入住。之後洗襪並去晾晒，休息一會後出去逛逛並在超市大買。回來後，當時發現鞋已被換了位置，一時沒警覺已有狀況，因沒參加庇護所七歐元的朝聖者晚餐會，就先睡了。

當發現鞋子不見，眞的傻眼也一時不知如何是好，馬上在網路與每天陪我指引我的 Camino 天使陳㯋先生連絡，告知遇到的失鞋意外。莫非我是第一個入住者，放在鞋架上竟遭到有心人覬覦？我摸黑在附近找找，在戶外一個餐桌下發現一雙貼了膠布、而大小與型式類似的鞋，我想是否可能有人想換鞋，將之偷換已離去了。如果，能發現有人穿錯，或許會還好，至少還會剩一雙，但怕是有外人進來偷換，而且大家都還在睡覺，我真的開始胡思亂想；或許該買新鞋？但當天週日很多商店不開，或要十點後；走到聖地雅各已不夠時間，要搭車往前去到下個城市？就開始睡不著，想就早點在門口等等，看是否有人出門時穿我鞋要出門。通常清晨四點半就有人起床，五點出發，而庇護所早餐（六至八點供餐），所以六點才能向工作人員反應，看他能幫什麼忙。

一早五點前便醒來，就在鞋架旁慢慢吃自己準備的早餐，也開始有人起來打包準備上路，東看西看，就看是否有人穿了我的鞋。等到了六點，工作人員開始準備早餐，向他說了我的鞋失蹤了，他說從沒發生過種事。他先問我鞋尺寸，說他可以把他鞋給我，但因他要準備早餐就沒多談。大概到了六點半，竟看到真有人穿了我的鞋出現。我告訴他那是我的鞋，因語言不通（不知是哪國人），他只是一副很無奈的，好似啥也不曉得，他找來了另一個工作人員來與我談。我拿出前一天自拍全身有穿鞋的照片，告知是我的鞋，他竟去拿貼著膠布的鞋比對，才說不知鞋是有主人的。後來琢磨此失鞋事件，想是被庇護所誤認我的鞋是前一天朝聖者留下的（或許該貼膠布鞋眞的是有人不要的），把我在架上的鞋主動送給有需要的朝聖者。

這誤會與烏龍事件眞差點讓我更改行程及破財，鞋子失而復得，讓我的聖雅各之路得以不中斷。走完法國之路回台灣後，二〇一八年六月我再度走法國之路，而後兩百公里的起點，正是發生失鞋的城鎮法國村。從法國村開始再走一次，剛好補前次遺漏的重要聖地，如 O' Cebrio 聖體聖血顯靈堂，二〇一六年因天黑從村旁走沒停留，二〇一八年再度來到時，恰巧遇上德國朝聖團體，在聖堂舉行彌撒敬禮，而這種奇特的彌撒經驗，正是我走 Camino 獲得的第三個禮物。

VII

鐘聲為誰敲響？

我猶記得小時候的鄉居生活，在那窮鄉僻壤的地方，忽然有了一棟全鄉最高的建築物，在道佛林立的鄉間，這一座造型很中國的教堂，讓鄉裡的人覺得好突兀。

小時候對它的印象，大概就是整個村子唯有的遼亮聲音，鐘聲的敲響，讓村民知道教堂即將開始發放美援救濟的物資，可以喜孜孜地領回奶粉、麵粉甚至巧克力，大人常說那是來自美國的愛心。小時候常常望著這座教堂，看似無盡的寶藏之地，我卻不曾進去過。這是六〇年代的台灣，一段等待美援物資的艱困時期，無論此事過去是如何地眞實，這塊土地開始響起了基督宗教的鐘音。

一九八〇年，我開始前往都會區工作，宿舍不遠處有一座老教堂，我從窗口可以望見那搖擺的一口鐘，聖誕節響起的鐘音，連續好幾聲的清脆敲打，彷佛是一種夢醒，令我爲之驚訝不已。那從早到晚的噹噹鐘聲，最後成了內心熟悉的音符。

後來第一次出國前往日本商務考察，恭逢京都除夕夜的一百零八響鐘聲，很是震撼，聽說那是爲世俗人心頭的一百零八種煩惱「除舊迎新」，然而這長串的恢宏鐘聲，爲什麼是一百零八響而不是一百五十二？三百六十五？我小心翼翼合掌祈福，不斷思忖，仍是令我百思不得其解。

朝聖路上各種古羅馬式教堂的鐘樓。

朝聖路上各種古羅馬式教堂的鐘樓。

廢棄的教堂仍高掛著鐘樓的遺跡。

接著在人生更遠的歐洲旅行中，我見識到大教堂，深感它的莊嚴，在此我無需重述它的壯觀。在羅馬聖伯多祿廣場（St. Peter's Square）的細雨中，我仍聽得轟然鐘音，那是另一個時代的鐘聲，不論單鐘、雙鐘或是整列的排鐘，我再度感受到鐘聲一直存在於東西方共有的寂靜空間。威尼斯聖馬爾谷廣場（St. Mark's Square, Venezia）的鐘塔，傳出宏亮的重搥聲音，嚴謹而豐富，即使在今天，高高在上的鐘聲，依然潛藏另一個被遺忘的得意。後來，我坐在加爾瓦略山（Calvary）的階梯上，遇見耶路撒冷聖墓大殿的鐘聲，我才開始體會到，那死亡鞭子即將落下的鐘音，有一種異樣的神祕與悲傷。直到第一次走在西班牙聖雅各之路，聽見沒有人潮的鐘音，滾滾傳來卻看不到它的蹤影時，我不禁想問，那朝聖路上的鐘音究竟爲何而敲？

與鐘聲賽跑

那一天，我和加拿大朝聖者在比耶爾索的法國村（Villafranca del Bierzo）悠然神往於想像中的鐘聲源頭，這可是一場最糟糕的鐘音追逐。我們兩人像迷途的羔羊，邊走邊尋，這一縷心靈思靜的情感搭上千載的縈迴，在飛鳥點點的田野中，攀越令人心悸的山腰，倆人能動的足步伴隨著那在鶯飛草長、林間跳竄的鐘音。只是鐘音繼續追趕著我們倆，像遠方的太陽追逐影子，直到我們看見遠處高聳的群山，我才驚覺鐘音是以動寫靜，只是我倆只顧沿著法國村山谷，一路追趕著這股鐘聲，其實無論它在另一個空間或跟本不存在，這一切都屬於「祂」的生命，而我們這倆隻迷途的羔羊竟然渾然不知。

此處的鐘音不同於別處，這令我開始敬畏乃至害怕。在這條路上，我曾試著依循先行者的足跡，在聽見鐘聲的那一剎那進入人的思考中，追尋切割鐘聲的向度，看它通往何處去，引領我尋找宗教神聖的奧祕。但是理智的範疇就在靜謐中斷裂，這種感受好像一位「大他者」顯示鐘聲的存在，它停留於你的內心只是一會兒。

我們倆個人開始在林中大叫，聲聲感傷，彷彿是林中孤兒。我們的一舉一動，讓後到的朝聖夥伴感到驚訝，彷彿我們是外來的闖入著，讓大家受到了驚嚇。西班牙的 Adam 見狀趕緊轉移話題，進入昨夜留宿 Alto do Poio 庇護所時留下的插曲。

聽鐘聲，看美景

那是悠閒的黃昏，我第一次看到整個庇護所的朝聖者，那麼可愛又不約而同地坐到草坪上，觀賞落日餘暉並聆聽遠方的鐘聲。荷蘭一家人見我與女兒整裝後也來湊熱鬧，先是感到驚嘆，頓時即露出滿意的笑容，他們一家人與我們這一家曾霸據馬路橫著勝利前行。來自馬德里的獨行俠 Adam，第三次行走朝聖路，不知從哪弄來一堆零嘴，給我們帶來一陣驚喜；美國籍的克萊兒是個年輕的設計師，她喜歡端著最愛的咖啡，與大夥坐著對看：義大利那對朝聖情侶檔，肩靠肩併坐著完全靜默，時而接吻、時而親嘴，沿路手牽手，甜甜蜜蜜地很入戲；波蘭來的 Sophia 與美麗的加拿大 Annie 醫生相約穿裙子，裙擺寬鬆飄搖，美的像兩隻美人魚，令我目眩。她倆今天一路並肩而行，瀟灑指著山的另一邊說，從比耶爾索的法國村一路上山，這段驚艷的「困難之路」，是朝聖路途中最迷人的一幕。從這山頂回頭望向後方，這是我們前天循著鐘聲一路過來的路徑，沿途景色與目前所見截然不同，真不敢相信，現在看到的整座山谷，宏偉得就像一座國家公園。

我們在這山的遠處，諦聽山腳下鐘音的存在，它的一長一短，優雅而美妙地覆蓋了林間的山野和小村，如同一種驚喜的迴盪，安靜地回應人們心中對神聖空間的渴望。的確，它是不屬於理智範疇的音符，無論你信或不信，數年後，它始終存在於你的世界。

鐘聲也會旅行

我記得，坐在歐塞布雷羅山中小徑諦聽鐘聲的浮現時，Annie 醫生教了我一套好法子，使我如何在沉思亦真亦幻的信仰經驗中，領取那一種莫名的興奮。她說：「有時候，各式鐘聲的功能雖不同，但傳達的理念仍維持神祕的吸引力，讓人開

崎嶇不平的上坡險路。

始想要更認識自己，渴望進入那無法預知的世界。」儘管散發出的鐘音，宛如飄零飛花，感覺讓人缺乏明確的界線，但在這當下，人與音契，境與情融，寂寂落音人仍在。也許我該在此境坦承，鐘聲像個朝聖者，它們也能旅行，從起程到終點，它與你相遇、相知、相惜，就如同這群朝聖夥伴，容許你的多愁善感。「青山靜我目，流水靜我耳」，我與 Annie 走過加利西亞高聳蔥鬱的中世紀古橋，綠色香氣讓人癡立林間，落葉滿徑，鐘音在偌大的物質世界裡，即是我的心，它款款飛來，又倏然而去。在這情微妙境處，Annie 提到她最心儀的詩人波特萊爾（Charles Baudelarire 1821-1866）說：「我的靈魂已破碎，由於那個倦怠。鐘聲雖在寒夜的蒼空中響起，但隨即漸弱漸緲。」確實，人的靈魂因誘惑而倦怠，導致生命的破碎，而鐘音雖然渺茫，卻在大地凄迷中爲人間帶來至美的嚮往。

「現在的鐘聲與中世紀鐘聲的意義是一樣的嗎？」波蘭來的 Sophia 拉高分貝問我。我且確信，這音符將一路穿越歐塞布雷羅山頭，雖然還不知道它會帶我前往何地。「那裡」，她指著路上的十字架說：「它像鐘音若隱若現，幽迴纏綿。」

朝聖路的鐘聲，是一個完全不同於人類的聲音，深深打動朝聖者那最原始的渴望，讓人無聲無息地回溯到中世紀、一千年甚至更久以前。她會心微笑地說：「十字架也許就是朝聖先行者能夠克服一切困厄，探索現於自己靈心城堡的力量。」

右爲波蘭朝聖者 Sophia 姑娘。

困難之路中途的國家級旅館。

困難之路沿途山景。

何似在人間

在酷熱的艷陽下行走兩小時後，我們在林間小教堂停了下來，這間教堂刻有舊約聖經的先知和耶穌的使徒像，在我看來，基督宗教在這條路上，隱隱約約地以宗教性救贖的鐘聲和雕刻圖像，在蒼空中以不同的程度對應朝聖者的心靈。Sophia 和我都不認爲人的思維可以合理的詮釋它，這種內在隱含的驚奇的密契經驗，讓人擺脫自己的過去，不見痛苦，不見憂慮；此神此韻，朝聖者對它簡直毫無招架之力。

今日下坡，Adam 一路上顯得格外安靜，也許他已頓悟：所有生命中的掌聲已屬於鐘聲。我再三思索這一切突來的鐘聲，路上只留下缺少節拍的音符在現實中跳躍，在這最古怪的時刻，彷彿我已離開這裡，不再屬於這人間。哦，原來林間鐘聲把我的心也照亮了，像是勞塵盡去，在斷斷續續的困惑中悟其神。或許對義大利這對情侶而言，哪天禮堂的鐘聲祝福說不定會成了他倆人生的一種小確幸。Adam 說他一定得當伴郎，他不斷莞爾竊笑，引來眾人一陣怡然相樂。此刻，美國的克萊兒仍然最可愛，她說，不論鐘聲爲誰敲，朝聖路讓她找到信仰的出口，回到美國後，她會想起這幾天的鐘聲，跟隨著一種信仰的念頭，這樣會有更深的盼望。我爲她高興，也遞給她一支朝聖杖，學著 Adam 在林間爲她長嘯高歌。朝聖路之下的一泓碧綠，能夠瀰漫朝聖者的歌聲，這是何等相通的處境，何等驚鴻一瞥的了悟。

就在這空曠淒迷之中，此刻遠方鐘聲又敲起，渺渺空山，寂寂無人，Sophia 終於忍不住對我直抒胸臆，哪一天她要回天鄉時，她喜歡以這樣的鐘聲來告別人生。我忍不住回頭說，「這鐘聲實在眞美！」想不到這回輪到 Annie 大叫：「那我們就在這裡停下吧！」我倆靦腆地相視而笑，彷彿鐘聲說明了一切。

衣服掛在背包上，邊走邊晒。

VIII 找到新的自己

朝聖的日子裏，偶而會在修道院庇護所，遇見朝聖者的靜坐，神情看似簡單又自在。聽說是一種「默觀」的靈修方式，初探有若東方的禪坐，優雅自若的心神態度，很容易吸引人的注意。這種方法，來自基督宗教中一位舉世聞名的人物，傳說中他虔敬的信仰思想散發出「歡愉之油」及「和醇之酒」，教人得到心靈的一種自我超越；這位「屬神的人」教導默觀的主要目的，並不是教人求得知識，而是尋找一種對「慈父」的觀念。

一路上，我不斷聽到老外談論他，但對這位耳聞中的聖者，他的思想境界，仍是一知半解。隨著那三位來自愛爾蘭朝聖者的分享，我漸漸趨近他的背影，揣摩朝聖者口中的默觀，一種祈禱精神體，是如何讓人在虛無中，尋找生命中「渴望」的動力？如此的祈禱默觀能力，是否真的能讓人找到生命的安頓？我總抱著空洞的想像去探究，但對這些老外朝聖者來說，神、上帝、天主是他們信仰的核心，人一旦面對身心靈的歸宿，他們的想法，自會有令人折服的一套，我知道，這並非不講理的堅持。

門裡、門外

記得在歐塞布雷羅的山上，那一晚，有個很特別的默觀之夜，儘管有些東西方文化的隔閡與信仰差異，大夥兒圍繞在一起，彼此哈拉玩笑，彼此體貼問安，

朝聖一家親（由左至右分別為：瑞士夫妻檔、英國佬、作者、西班牙夫妻檔）。

彼此靜心分享。打從燭光禮開始，教堂升起一股神祕的氛圍，我頓覺驚奇、興奮，修士的祈禱聲隔開屋內世俗的空氣，我一面聽，一面感覺到那眼睛正注視著我，那眼神慈祥地問著：「你如此殫精竭慮的行走，究竟在追求什麼？」

我的心門似乎被打開，在信與不信之間游移思考，然而我卻不知如何逃開那令人費解的黃箭頭，從而回到很久以前那最後的晚餐廳，回到那左左右右相偕的朝聖者，聆聽他們心中口涵的宗教韻味。那一路上，餐桌上的朝聖者個個猶如路上的十字架指標，引領我回歸家鄉，於是一場回家的朝聖路，悄然開始。

朝聖舞台是一個微觀世界（micro cosmos），它使場景變得眞實可觸。這一回，一對對朝聖者的靈魂，因寂然而相遇，山中默觀的寂然之樂，在禱聲中聲聲呼喚，大夥兒彼此回頭轉身互祝平安，此刻，已不需要浮華的辭藻以裝飾語言的隔閡，我感受到一種樸實無華的心靈平靜與喜樂。修士在禮儀中的詠唱和讚美詩，充滿奔放的情感，然而因爲不熟悉拉丁文，我簡直跟不上拍子，只好羞赧地與大夥兒默默含笑以對。一道同坐的美國朝聖者 Tony，打從進了聖堂後就默默無語，一直開不了口的他似乎起了焦慮，給了我一個眼神，揖身就想走，我跟著拔腿離開，只好把眼神擱在黑夜的山丘上，望著懸掛的星辰。Tony 說要先回寢室，我卻裹足在教堂門外的寒風中，沉思這些美麗的音符，那時裡面正傳唱著〈我的靈魂頌揚上主〉（*Magnificat*）。我一人痴立樹下，黯然無語，濛濛細雨中，只留下一個似曾相識的靈魂深深期盼著。

置之死地而後生

從那時起，門外的時間溶解在神聖的宴席上，我向內尋覓聖堂裡各式各樣的祈禱臉孔，猶如尋找不速之客喚醒我的靈魂，那壁龕上的圖騰符號，那舉揚的聖體，意外而眞實地打開我內在驚奇的望見。這種望見不是藝術概念，我且相信，靈修默觀最後是觀看生命之路的兩個面向，一個過去，一個現在，是悲劇或喜劇，自己點滴在心頭。最起碼，它證明有一個生命可以凌駕死亡，並且啓示你知曉原因。

▎豐瑟巴東大霧中的朝聖者。

此刻，且讓我嚐試進入那個脫離現世的地方，回到朝聖時空中，讓靈魂脫離自己的身體，橫越飄浮，靜靜地等待著這次異乎尋常的死亡，那個屬於不知名、沒有日期的死亡——一個每回結束後，新生命得以重新開始的死亡。

這一次意外的接觸，並非將自己刻意置身於神祕思想，而是此項方式讓身爲朝聖者的我，在某種程度上心靈的狂喜得以流洩：一種若隱若現的心靈舞動，一起隨著朝聖的腳步抒情。你舞出自己的過去、現在、和未來，其中有熱情燃燒的詠嘆調和夾雜大量的精神焦慮，包含一場否定、拒絕、吶喊的痛苦之舞。

一點聰明一點痴

這一次默觀中的祈禱讓我體驗到，基督宗教的靈修使人心悅誠服地接近「神」，使人懷著熾熱的心情追蹤「神」，只是，有時候感覺到「神」太強了，自己變得微不足道，眞是不可思議。也許這是一個不可測的負擔，難免因爲過度推想而出現承受不了的意識，但我知道，在此時刻我必須呼吸一點新鮮空氣，否則會覺得自己好像要掉到世界之外。

中世紀羅馬式教堂內的聖雅各使徒雕像。

我相信，「神」與「神聖」的存在與否，只有當你相信了，才會在靈修中與它會遇。「它」存不存在無關於你是否承認，那只是人的想法。因此，若一定得用人的理智衡量它，才以爲「它」存在，那這種困惑帶來的戰慄，就像作繭縛住自己。然而，靈修的領域，是讓人的純淨意念與神的天地在祈禱中合而爲一，實現天人合一。

經過這朝聖路上不同經驗的靈性碰觸，直到後來，我才得以了解，願意相信這種神聖的

Rabanal del Camino 小村古樸老舊的羅馬式祭台。

接觸，是對所有的存在，進行一個人內心秩序的重整，而實現重建自我的新主體，就是「新我」與「舊我」的相互珍惜，其中融合了不顧一切的捨棄，以及在不久的將來，即將領受的相稱給與。我相信，那是回家路上一種非常友善的意象。因著默觀，我找到一個好地方，可以倚在青青河畔，可以坐在石子路邊，獨自盡興地閱讀自己。

背著十字架的耶穌雕像。

朝聖者回響

西班牙千年古道徒步朝聖記述

Camino 朝聖者／何戀玉

寫下這一篇記述，緣於對朝聖經驗的珍視，二〇一七年八月十二日我與友人自 León 徒步三百二十二公里，抵達 Santiago de Compostella 聖城後，延伸朝聖旅程，徒步一百一十六公里，八月三十一日經 Muxia 抵達 Fisterra。

相較於許多自 St. Jean Pied de Port 啓程的朝聖者，我屬於朝聖資淺者，遺憾沒有足夠的時間好好的倘佯 Camino，但內心的感動與感恩，無法用文字形容。

Camino 是震撼的新穎經驗，更是生命的轉化與更新過程，同行的德國朝聖者告訴我，他下一趟要帶著中輟學生們前來，人生重新開始。

生活初嚐

抵達León已經晚上八點半，入夜在舊城找路並不容易，如何找到庇護所，我們有一點心慌，幸好當地居民主動幫忙。Monasterio de Benedictinas庇護所保持著修道院單純簡樸的傳統，它的簡潔，讓我自慚奢華。隔天行程很輕鬆，我們在La Virgen del Camino住下，神父親切的用西班牙文帶著我們找到庇護所，我的友人戲稱我越來越偉大，其實我內心汗顏，公立庇護所乾淨得如同五星級飯店。

八月，這裡氣溫不到攝氏十五度，星星聚集的銀河閃爍著明亮的光芒，來自法國的Liscle與我們同行，個性開朗的她樂意分享一切，日出像融化的蛋黃，森林裡有很多野生的黑色莓果，我們好奇的嚐了一點，覺得精神奕

奕。因爲貪看沿途的教堂和美景，以致前腳才踏進 Hospital de Orbigo，就聽到教堂主日彌撒的鐘聲，我快速找到庇護所託付了背包，三步併兩步趕去，一群西班牙人擠出小小的位置給我，我聞到沾在臉上的灰塵散發著乾燥的味道，低頭看鞋子也鋪滿厚厚的沙土，今天就讓它們跟著我一起被降福吧！歷史悠久的 Karl Leisner 庇護所，庭院精緻，朝聖者三五成群聊天或獨踞角落沉思。

Santa Catalina de Somoza 是我特別期待拜訪的地點，這個樸實的古鎮很小，用石頭砌成的仿羅馬式教堂也很小，但在繁花錦簇和綠蔭扶疏中，蓬勃著信仰歲月。廣場上正舉行聖母升天節慶典，家家戶戶扶老攜幼，大人們嗑牙，小孩們嬉戲，興起隨著鼓點和響板翩然起舞，變換隊形繞場數周，累了喝水，腳癢了又上場接力，對著我攝影的手機大方展顏，樸實的舞步輕鬆的笑語，塡滿旅人的心。夜幕低垂，今天是老大的生日，深心的爲他祈禱。晚餐時刻，年輕小夥子們抬來啤酒和麵包，醉在慶典的歡樂之中。

當 Rabanal del Camino 教堂再度響起慶典的鐘聲，小小的咖啡店爲我裝滿了水，丟下我去參加遊行。我再度踏上旅程，在 Cruz de Ferro 鐵十字架底下，放了我的石頭，提醒自己「放下不需要的一切」，「Get little enough, Necked enough, Poor enough.」，把生命從綑綁當中釋放，與真我相遇，與不斷的成長相遇。

徒步三十公里之後，El Acebo 小鎮雖已近在眼前，但是陡降坡布滿碩大的石礫，心一橫手腳並用蟹行，灰頭土臉找到 Apostol de Santiago 庇護所，這間庇護所貼心的爲朝聖者準備了晚餐，每一個人都餓扁了，祈禱、開動，漸漸的笑聲滿座，打破不相識的隔閡，飯後擠在一起洗碗盤，說說笑笑不覺得累，主持人 Schroeder 先生邀請我們去看夕陽，群山之巔，圓潤豐盈的夕陽被飽滿的晚霞襯托著，彷彿天父溫柔的被單，融化了所有朝聖者的心，我錄下每一位朝聖者寧靜的眼神，再次把晚禱獻給心愛的家人，一夜好眠。次日六點三十分晨喚，共進早餐，感恩這樣沒有壓力的飯來張口，Schroeder 先生留言給我「Remember to take the lessons you learn on the Camino home with you, Santiago De Compostela is not the end, it is the beginning.」

第五天行走十六．五公里，我輕鬆在 Ponferrada 停留，未到登記入住的時間，但 San Nicholas de Flue 庇護所工作人員，已經貼心的請我們先去梳洗，太陽美到不行，讓我連背包都一起洗了晒香，接著去逛超市、烹煮晚餐，好用的大廚房裡各國料理的香味撲鼻而來，隔壁桌分享他們的油醋醬佐起司蔬菜沙拉，只能用讚嘆兩個字來形容它的美味，友人也絲毫不嫌棄的誇獎我做的中華義大麵，她眞的很好養，今天的食物夠多了，沒有人需要過來分享，我們裝飯盒做爲第二天的早午餐，參加晚上八點的彌撒，爲我的學生祈禱，神父特別降福朝聖者，十點熄燈，晚安！聖殿騎士城堡下回見，明天我會跟大家一起出發。

深邃記憶

磨練我的是 Alexi，他從 St. Jean Pied de Port 啓程，十七天之中他走了六百五十七公里，從腳底痛到全身，沿途不自覺的發出暗暗的呻吟，問他是否休息一下，他卻千篇一律的答覆「My body is pain, But my mind is strong.」，對著橫亙的長陡坡，一點也不鬆懈的拼命往上爬，我費力跟上，心裡頭不想認輸，但是陡降而且狹窄的岩縫，逼得我手腳並用，暗暗叫苦，所幸清澈飽滿、水氣瀰漫的河流舒暢了我心，他的背包網袋有兩本書，他答覆我說：「小的是字典，大一點的是前女友送我的禮物，我要背到 Fisterra，然後放到海裡。」哎~愛得太深！套一句他說的話「Pain is not the reason.」，對於困頓，對於背著人生挫折行走的 Camino 旅人，這是唯一的眞理，於是踽踽獨行，把身和心都拿出來給太陽好好的曝晒，如果艷陽的熱力能夠傳達天主的大能，那麼祈求天主把我的靈也晒乾晒香。

每一天接著每一天，朝聖者們住在一起，用同一個廚房、洗衣房、沒有門的浴室、睡上下鋪、十點熄燈，**Camino** 打破了個人的狹隘，學習尊重和謙卑，分享永遠吃不膩的硬麵包、起司和義大利麵，喝好幾天沒喝的超想念咖啡，走成一大群亂集團 **¡Beun Camino!** 彼此問候，寒暄聊天，述說著自己的生命故事，或唱歌打氣，不斷哀聲下坡又氣喘噓噓的奮鬥爬升，笑著享受路旁老奶奶賣相不佳的蘋果和桃子，以及善心人士的其他贈予。

在太陽升起的黎明群山之中，振臂高呼祈禱「我們的天父！我們的天父！」在夕陽圓潤晚霞繽紛的傍晚唱讚美詩，聆聽彌撒前呼喚的鐘聲參加彌撒。人世困頓者比比皆是，如果天主不會讓苦難白白的浪費，那麼張開心靈的耳目，用眞性情生活，如果懺悔能夠彌補一切，那麼就把靈魂，把一切都交托給慈愛的祂。

二〇一七年八月二十六日清晨七點，我和友人抵達 **Santiago de Compostela**，微雨的空氣有點冰涼，我們在溫暖的小咖啡館等待朝聖者

Muxia 聖瑪利亞教堂。

辦公室開門，萬分開心的領朝聖證書，排隊進大教堂參加中午的朝聖者彌撒，擁抱聖雅各請他代禱，共進慶祝晚餐，享受無法言喻的幸福，喔～葡萄酒眞是好喝。

奇異恩典

我的夥伴很堅強也很勇敢，在旅程中途，我們一起決定海角之路仍然徒步完成，八月二十七日自 Mante do Gozo 啓程，從 Santiago de Compostela 途經 Muxia 至 Fisterra，雖然再次與陡坡、雷雨和迷路相遇，但一路總有天使幫忙，美極了的 Muxia 和 Fisterra 讓我的心完全的得到休息。在離開 Olveiroa 之後的小咖啡館我忘了朝聖護照，等想起了它已經無力回頭去尋找。

應該用什麼心情看待迷路這件事呢！嘆！Muxia 之後一路都沒有大問題，我小心翼翼認路，但還是選錯了其中一段岔路，因爲接近山頂所以沒有 goole，我依靠旅途磨練的經驗，和山路的形式，山頂的光線做選擇，大約走了半個多小時，網路恢復了，遇到照顧果園的農夫，細心指路，回到布滿黃箭頭的 Camino，我想起 Miguel 告訴我說：「我認爲你需要一個人走一段路，比較好。」頓然明白他話中的含意，他如此的獨立，而我如此的依賴！今天順利抵達 Fisterra 與友人會合。

離開前的清晨，因爲想念 Fisterra 海灣，再次前去拜訪，昨日彈吉他歡唱的年輕人們，還在帳棚內安睡，柔軟的沙灘經過海水一夜的洗滌，已經完全平整了，只有一排整齊的狗腳印和我，享受著海潮有力而深情的陪伴！我想起了巴塞隆納三人組和巴伐利亞的好友，以及 Antonio 和 Domenico，靜靜的爲他們祈禱。搭第一班巴士告別 Fisterra，十點半左右回到聖城，看見背負大背包，跛腳行走的朝聖者，彷彿看到自己，感觸很深，初次足跡所至之處歷歷在目，和友人再點一客慶祝午餐，品嚐美味，回憶朝聖時光，單純的心燃起無限的滿足。大教堂廣場上，三五成群的朝聖者，或坐或躺享受燦爛的陽光，一起參加下午的彌撒，感謝天主並爲所有朝聖者以及 Camino 協助朝聖者的貴人們祈禱，也爲台灣和西班牙祈禱，願天主的護佑永隨，等候恭領聖體，內心無比的寧靜，深知此刻只有基督與我，一切的苦難都無妨礙了。

告別 Santiago de Compostela，搭夜車至馬德里，在 Teresian Association International House 停留，接受好友的款待，參觀馬德里，前往學生中心，隔天早餐我們談到「痛」的話題，對我影響深遠，摘錄其中片段：

T：Life is a miracle, God is there.

H：I fear the pain.

T：Every one fears of it, but be patient, Jesus is there.

不論是身體或心靈上的承受，這一段話讓我銘刻於心。

回國以來，特別的沉靜靈敏，能夠聆聽自己眞實的聲音，游泳的技巧竟然也進步了許多！感謝來自朋友們的支持，特別是西班牙朋友達奇和《一個人的 Camino》作者陳墾先生，他們從分享會之始不斷的帶領。

Camino 吞吐著天主的力量與氣息、傳遞著天主教會千年的信仰歷史、見證西班牙民族的熱情奔放、壯麗的自然山河、教會和政府長期的措施與努力、志願工作者默默的耕耘與付出，歷經十二個世紀的醞釀，無盡的甜美和豐盛讓人鍾情與懷念，完全的包容和承受讓人敬佩與不捨，期待前往的旅人們，都能懷抱尊重與珍惜。

三人行抵達聖雅各大教堂。

go

León 萊昂

Virgen del Camino 卡米諾的貞女

Puente y Hospital de Órbigo 奧爾維戈的橋與醫院村

San Justo de la Vega 沃野的聖胡斯托村

Astorga 阿斯托爾加

Foncebadón 豐瑟巴東

El Acebo 艾拉瑟波

Sarria 薩里亞

Molinaseca 摩利納塞卡

Samos 薩摩斯

Ponferrada 波費拉達

Tricastela 迪卡斯特拉

Villafranca del Bierzo 比耶爾索的法國村

O'Cebreiro 歐塞布雷羅

萊昂 León

萊昂是聖雅各之路上第二座世界文化遺產城市，很值得朝聖者細細探訪。其中萊昂大教堂（La Catedral）又稱聖瑪利亞大教堂，是西班牙第二大哥德式教堂。大教堂遺址原是第四世紀古羅馬大浴場遺址，後來被改爲宮殿，十一世紀改建爲仿羅馬式教堂，十三世紀重新改造，成爲哥德式建築藝術的傑作。萊昂大教堂擁有一千八百平方米的彩繪玻璃，彩色玻璃受到陽光的照射，呈現漂亮的光譜，有若管絃樂隊正在演奏樂曲般的跳躍，極爲優雅精美，在非彌撒的時間，大教堂播放出悠揚和諧的聖樂，一股攝人心神的音樂襯托出繞樑三日的音韻，加上大教堂保留了十三至十四世紀的雕塑原作，讓人感受到有別於西班牙建築物的優雅風格。萊昂以這座哥德式教堂及來自羅馬時代和中世紀的建築遺址，一年四季，吸引了無數的朝聖者和歐洲眾多遊客光臨。一八四四年，萊昂大教堂被西班牙列爲國家重要文化遺產，二〇一一年入選爲聯合國教科文組織的世界文化遺產。

萊昂大教堂正立面及彩繪玻璃窗。

聖瑪利亞大教堂彩繪玻璃窗。

至於著名的聖馬爾谷修道院則可追溯到十六世紀，目前是西班牙國營五星級旅館，它的立面精雕細琢，漂亮得不得了！這家全西班牙最氣派的旅館，立面外觀寬闊達一百公尺，富麗堂皇的述說著西班牙女王伊莎貝拉的光榮權力。《朝聖之路》電影中的四位朝聖者在抵達萊昂時，就是在這家高檔五星級旅館享受最逍遙的一夜，門口廣場有一尊聖雅各朝聖者的雕塑，注意看那脫下鞋後的腳部和憔悴神情，身爲朝聖者的你與它對看時，不禁會莞爾一笑。

從萊昂出城，得經過蠻長的一段市區道路，我建議今天徹底不趕路，放鬆腳步，細細地品味，慢慢地看，邊走邊欣賞這古都，這是個令人激賞的告別城市方式，錯過這一趟建築探訪，就真的太可惜了。逗留這古城時切記！最好小心留意城市裡的黃箭頭，以免迷失方向。

進入萊昂市區指標。

萊昂聖馬爾谷五星級國營旅館。

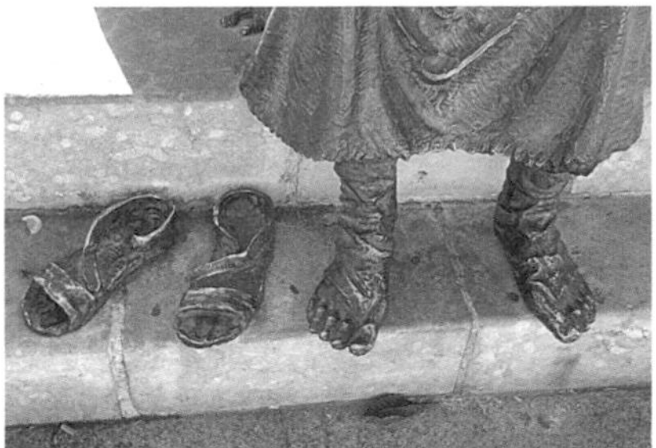

朝聖者歷經風霜的雙腳。

卡米諾的貞女 Virgen del Camino

來到城郊的卡米諾的貞女村，鎮上有一座別開生面的十七世紀的教堂，一九六一年改建成現代風格的教堂，復古風華顯露出創新風潮，原來，教堂也可如此創造出新生命，頗有新意。這鎮上有一家號稱「五星級」的庇護所，確實不錯，循著黃箭頭可以找到它。

奧爾維戈的橋與醫院村 Puente y Hospital de Órbigo

順著路標，讓人驚嘆地走進奧爾維戈的橋與醫院村，這一小鎮充滿光彩歷史的傳說，進入市區時會先經過一座建於十三世紀的羅馬古橋，算一算竟然有二十個橋拱，是聖雅各法國之路最長的橋①，可惜底下的河道現在是一片乾枯的草原地。這座橋還有個美麗的故事。一四三四年，那一年剛好是聖雅各的聖年②（Año

貞女村的庇護所。

1. 在西班牙境內另一條聖雅各朝聖之路——銀之路上，有座城市梅里達（Mérida），它的古羅馬橋有六十道橋拱，堪稱西班牙之最。
2. 當每年的七月二十五日適逢星期日時，就稱為聖年，下一次聖年是二〇二一年，依天主教禮典說明，朝聖者在聖年前往特定朝聖地朝聖，將可獲得全大赦，這是給基督徒的特別恩典。

Santo），所以朝聖者特別多。一位來自萊昂王國的遊俠騎士愛上另一位女性朝聖者，他的愛情告白得不到女子青睞，朝夕思戀之下，以致無法自拔。這個荒唐的遊俠騎士最後頸掛鐵鍊，自我嘲諷是愛情的俘虜，就和九個同伴站在這橋頭，尋釁每一個路過的朝聖者，先後有七百二十七個呆瓜否認他的行徑，這些倒楣鬼莫名其妙的捲入一場格鬥，導致多人掛彩，還有一人死亡。

這個故事最後以鬧劇收場，荒唐的遊俠才拿下脖子上的鐵鍊，卻也給這座橋帶來意外的名字，可愛的西班牙人從此稱它爲榮譽之橋（Puente del Paso Honoroso）。這個故事流傳至今一九三年西班牙政府在里奧河上游建築水壩，目前橋下已失去悠悠流水，只剩下三個橋拱寬的身影可見。當地居民每年就利用大片乾涸的河床草原，大玩中世紀的遊俠戲碼，形成地方一齣有趣的人文丰采。

這個城市還有一項吃的傳統，據麵包店的老板說，我們平日所吃的雞蛋糕就是發源於這個地方，它原本是羅馬帝國時代的點心食品，由羅馬第七軍團帶來西班牙，流傳至今。所以雞蛋糕就成了朝聖者來到這裡必嚐的點心哩。

奧爾維戈的市徽圖。

整修中的奧爾維戈大橋。

沃野的聖胡斯托村
San Justo de la Vega

來到沃野的聖胡斯托村，這是阿斯托爾加（Astorga）的前一小站，一段高高低低的丘陵低地，這裡有一處愛心小站，很有意思。破舊的屋簷，門前擺設免費茶水站，提供愛心麵包、餅乾、飲料和咖啡，也可加蓋朝聖印章，朝聖者隨喜奉獻。店老大是來自巴塞隆納的一位帥哥，走上朝聖路後戒掉多年的毒癮，他的天主救了他這一條小命，爲了感恩圖報，發願在這裡服務朝聖者。在那空曠的屋舍裡，擺設充滿埃及西奈山下的游牧民族風味，沒有電力照明設備，靠著普照的太陽及夜光打點一切。這是聖雅各朝聖路的恩典領受者，一種自我奉獻與感恩的見證，說明天主是愛。這個愛心小站雖然簡陋不大，卻在我的朝聖記憶中留下一個甜美的回憶。

名爲「聖神之家」（La Casa De Los Dioses）的愛心小站。

聖神之家主人 David。

充滿遊牧民族風味的擺設。

阿斯托爾加 Astorga

離開愛心小站很快看到阿斯托爾加山頭，一座大型十字架出現在路中央，從這山頂開始走下坡，一路到市區。

下午時刻，抵達阿斯托爾加，這座美麗之城是古羅馬時代的古都，莊嚴的姿態不容懷疑。這裡有一座西班牙獨特銀匠式風格（plateresque）①的大教堂，有別於仿羅馬式教堂，更超越哥德式教堂的足跡，它正立面壯麗延展的雕像手勢，令人嘆爲觀止。值得一看的建築有好幾處，像高第（Antonio Gaudí）設計的主教座堂，現在成了博物館，也是阿斯托爾加的觀光地標，當今的主教座堂在它前方叉路右轉進去，另一座博物館也在這條路上，其它景點盡在散步走路可到的範圍。

這一站是屬於觀光城市，旅館、餐廳、商店、博物館、教堂林立，這城市著名的燉菜（Maragato）和巧克力值得品嚐一下。加利西亞的菜餚美味可口，份量也多，朝聖者在這一站可以飽餐一頓。

高第設計的主教座堂。

阿斯托爾加的朝聖用品商店。

1. 源自西班牙文的 platero（「銀匠」之意）。

豐瑟巴東 Foncebadón

豐瑟巴東是個形同廢墟的小村，沒有幾戶人家，靠著放牧牛羊過生活。在此標高一千五百零四公尺的加利西亞高原寒意略顯。早期的朝聖旅遊報導中特別提到，這村莊的野狗會攻擊朝聖者，要多加小心。如今，這小村確實不少野狗走在路上，不過少了些敵意，但朝聖者仍須有警覺。豐瑟巴東小雖小，仍然有一間庇護所。

豐瑟巴東到處可見人去樓空的廢棄屋。

艾拉瑟波 El Acebo

艾拉瑟波與豐瑟巴東是差不多的小村莊，景象十分寂涼，到處可見廢墟。

此處山路陡急，青翠的山峰連綿不斷，道路指標有點凌亂，高原多雨的氣候，創造出雲彩密佈的視野景觀。孤寂的大地，有如老照片的場景，眞是名符其實的幽靜，站在這裡大聲喊叫，一定別有一番滋味。

艾拉瑟波小村殘存的舊建築。

摩利納塞卡 Molinaseca

往下走去，坡度平平順順，通過一座羅馬古橋後便一路挺進摩利納塞卡，日本人在這鎮上奉獻一座和平友誼標竿，如同在朝聖路最底端的大陸盡頭非尼斯泰爾（Finisterre）燈塔前的和平標語。鎮上有多樣的小商店，可以滿足朝聖路上的物質需求。

波費拉達 Ponferrada

剛走進波費拉達城市，黃箭頭標誌還算清楚，愈進入市區，標誌愈凌亂，朝聖者最好注意來往車輛，這裡新舊城區交錯，是個工業之城。首要之務是找到這城市唯一的一家公立庇護所，雖

日本人奉獻的和平友誼紀念碑。

一一八五年興建的聖殿騎士團城堡。

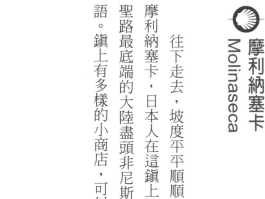

然需要費一點勁尋找，不過它的設備值得你停留。城市的地標聖殿騎士團城堡（Castillo de los Templarios de Ponferrada）很明顯，是一座巍峨的城堡，假如你太晚抵達，隔天一早又得趕路，鐵定無緣探訪這一座被評爲西班牙國家歷史和藝術紀念碑的城堡。

公立庇護所的收費是自由奉獻，有意思的是，服務志工會好奇盯著你塞幾多錢進奉獻盒，之後他才肯轉移目光並蓋上朝聖章。一般而言，朝聖者採取奉獻歐元紙鈔五元或十元聊表心意。庇護所佔地不小，提供一百八十五床，有修院、有教堂，晚間有朝聖者彌撒聚會，不論你是否爲基督徒，工作人員都會很鼓勵你參加。這是個蠻有意思的朝聖禮儀，也可藉著不同國家的朝聖者相聚，增進文化認知，短短四十分鐘的時間，聽聽教堂的聖樂，也許有一點語言隔閡，但這種聚會，並不是每個城鎮都會有，偶而利用朝聖夜禱小坐一番，沉靜一下，不會無聊的。庇護所一樓有現代化廚房和冰箱、餐廳，二樓有交誼廳及三部電腦可付費上網。

波費拉達公立庇護所外觀。

朝聖者之夜。

Camino 路上朝聖者庇護所

卡米諾的貞女
Virgen del Camino
Ref. Municipal
987 302 800

奧爾維戈的橋與醫院村
Puente y Hospital de Órbigo
Albergue Peregrinos
Karl Leisner
987 388 444

奧爾維戈小村
Villares de Órbigo
Alb. Villares de Orbigo
987 132 935

阿斯托爾加
Astorga
R. P. San Javier
987 618 532

卡米諾的拉巴拿
Rabanal del Camino
Ref. Municipal
987 631 687

芒哈琳
Manjarín
Refuge donate
609 938 642

波費拉達
Ponferrada
Albergue Donate
987 413 381

比耶爾索的法國村
Villafranca del Bierzo
Albergue
987 540 229

歐塞布雷羅
O Cebreiro
Ref. ACAG
660 396 809

迪卡斯特拉
Tricastela
Ref. ACAG
982 548 087

薩摩斯修道院
Samos
Monastère Bénédictins
982 546 046

IX

近鄉情怯，先好好預備身心靈

羅馬式教堂內的聖母像 。

對我而言，聖雅各之路一座座「超齡」的羅馬式教堂，確實是人類文化遺產論題上很有願景和無可迴避的眞實。聖雅各之路，來來回回幾趟路走下來，我的目光焦點仍然是這些文化遺產的豐富性，有甜蜜，有神聖感，有無窮無盡的簡單之美。有一天，它將成爲當代最夯的旅行主題，只是這股風潮還沒吹進亞洲。

從黃箭頭到聖雅各朝聖古道，凡走過加利西亞地區必然知道，在這一帶步行的朝聖者，沿途有很多空間可以讓你沉思，每隔一段路就會出現的十字架雕像，彷彿一隻手隨時護著你。對此，中世紀的人對朝聖路發出一種宗教讚嘆，現代旅行者卻只是忽略，不知做什麼，或是只有觀看。然而，我曾站在歡樂山（Monte do Gozo）山頭，眺望即將抵達的聖地雅各，我與一位日本朝聖者一起走進庇護所，當時做了一個選擇，先在這裡沉澱朝聖生活的雜念，預備身心，清靜心思，好讓明天一大早走進聖城。服務人員打趣的說，「你們停留在這裡過夜，是最聰明的選擇。」

是的，這裡一來比市區住宿便宜，二來庇護所的設備現代化，三來著名的聖母小堂就在附近，加上教宗紀念碑和朝聖者大雕像（Monumento Peregrino）也在園區內，朝聖者可以輕鬆散心，沉澱心情，一舉數得。

日本朝聖者 Miyako 聽得心花怒放，盯著我問：「是如此嗎？」之前我曾告訴她，這一站庇護所我已經住過三次，沒有失望的理由，它是朝聖路最後一站的庇護所，離聖地雅各不到五公里，許多朝聖者一看到貝殼里程碑，驚喜終於快到市區，於是一溜煙就錯過這美麗又寧靜的庇護所，眞是太可惜了！

日本朝聖者 Miyako 學起先行者眺望終點的歡呼。

事實上，我是慕名尋訪朝聖者大雕像，前二次總是累到錯過它。這一對朝聖者大雕像，是聖城的焦點海報人物，頗有名氣，給人的感覺是眞情地表達這一路上的朝聖者心情，特別是長途跋涉的辛酸和眼淚。這也是爲什麼中世紀以來，凡走在這條漫長路並經過長途煎熬的朝聖者，任何一步一腳印行走數百里路前來朝聖的人，在這最後即將抵達聖城前，站立在這座山頭上，剎那間遠眺那目的地的大教堂時，無不喜極而

歡樂山上的朝聖者雕像。

泣。在西班牙，這兩座雕像深入朝聖者的人性，不僅僅有了特別的地名（歡樂山），畢竟那樣刻骨銘心的喜樂是朝聖者們共通的感覺，如今，這裡更有了朝聖路上最大間的庇護所。

彩虹下的約定

我和 Miyako 坐在大雕像下，四下環顧，學著雕像人物的姿態眺望大教堂。天主在這個時刻安排的是那麼美妙，就是這一刻，遠方大教堂忽然出現一道彩虹，彩虹兩端中間出現一顆光亮的星星，眞是奇妙透了，

前教宗聖若望保祿二世的朝聖紀念碑。

Miyako發現這個異象，直呼不可思議！這顆閃爍的星高掛在大教堂上空中的彩虹橋，看來好幻麗，實在很難用文字去描述。除了感到興奮外，Miyako喊著「趕快祈禱！趕快祈禱！」這份催促的驅動力使我無法抗拒，我終於回應內心渴望許久的衝動。

想想明天就要道一聲「莎喲娜啦」，何不面向大教堂，做最直接的祈禱，祈求路上的朝聖者，因著聖雅未來的朝聖者也祝福各之名，有一天會平安再相聚。在彩虹的見證下，

從歡樂山眺望聖雅各大殿。

我和 Miyako 彼此許願二〇二一聖年的朝聖路再相會，再來這裡一起下鍋煮飯吹燭光，唱一首加利西亞下酒歌，跳一曲西班牙鬥牛舞，然後靜靜等待西班牙的夜空升起萬家燈火。我們靜默坐在那草坪上，觀看這道彩虹的境界猶如山是色，雲是彩，風很大，世界很小，是一種超越，是一種享受，也是一種仰望中的永恆。是的，我生命中的第一次，不用說，這當然很神奇又感動。

X

抵達聖地雅各必做的五件事

聖地雅各朝聖者國營旅館與歐伯多洛廣場。

我在抵達聖地雅各古城區後，便迫不及待來到歐伯多洛廣場（Praza do Obradoiro），這裡堪稱是歐洲最美麗的廣場之一，也是朝聖者的終點。朝聖者在此遇見一路上曾經相遇的朝聖者，互通訊息，觀看彼此興奮的表情，很多人在此徘徊不去，總會不捨地想著「朝聖眞的結束了嗎？」接著，人們相邀走進聖雅各大殿。

沿著兩旁的階梯而上，迎接朝聖者的是榮耀之門（Pórtico de la Gloria），上面雕刻著精緻的聖人、天使、先知、眾神共二百位，這是十二世紀雕刻家馬提歐大師（Maestro Mateo）驚人的作

聖雅各大教堂前的朝聖者與朝聖狗。

每年七月二十五日聖雅各瞻禮前夕晚間廣場湧現人潮。

品。廊柱的中心拱門上方雕刻著耶穌座像，耶穌雙手攤開顯示受釘的傷痕，下方的聖雅各手拿福音書，站立在精美花卉枝蔓人物環繞的耶穌之樹。朝聖者入殿後，會撫摸這大理石柱，數百年來朝聖者的激情，深深烙印在千百萬隻手的抓痕上，如今，我跟隨先行者相同的渴望、相同的抓痕，在這裡共同畫下心中的句點。這座國寶級的雕飾，個個人物栩栩如生，流露肅穆與神聖的古風，營造出驚人的感官效果，是聖雅各大教堂最璀璨奪目的石雕藝術作品。

跨過榮耀之門後，我倒發現了有趣的人性畫面。人們在昏暗的光線中尋找兩個雕像人物，一個是靜立在一處的雕刻家馬提歐大師的雕像，聽說朝聖者若以頭碰觸大師的額頭，就可以領受他的智慧，如此不論觀光客或是朝聖者競相磕頭似的敬禮，使得今日馬提歐大師雕像的鼻子竟然凹陷一個洞，可見幾世紀以來，大師受歡迎的程度。另一尊人們企盼尋找的雕像是大力士，他在馬提歐大師右前方柱子下頭，朝聖者可將雙手伸進凹槽裏再行祈禱，然而某種程度上，這雕像實在容易被誤認爲馬提歐大師雕像，觀光客分不清這兩尊雕像的身分，唯恐漏掉其一，乾脆兩尊都碰撞一下，以確保萬無一失。

朝聖中的傳統是，帶著一顆澄淨的心走進大殿小坐一會兒，無論祈禱、祈福、沉思都好。看著前方如同一座大佛的聖雅各雕像，他的金身威嚴，如同閃電般震撼了我，不論你是否爲基督徒，是否認識他，這條朝聖路的終極相會還是

聖雅各大殿入口的「耶穌之樹」，聖雅各立於中央歡迎朝聖者，他手拿卷軸上面書寫著‘Misit me Dominus’（主派遣我）。

聖雅各大殿的彌撒禮。

他，他的名連結榮耀之門主耶穌的名，迎接走進大教堂的每一位朝聖者，來到他們的面前，不論你心底是否意識到，聖雅各就是朝聖者期待中的一切。

在小坐靜默片刻之後，便走向大教堂右手邊南門方向的出口，迎面而來的是銀匠之門噴水泉，沿著對街巷道往前走，便看見一排長龍的朝聖者隊伍，正等著進入朝聖局服務中心換取朝聖證書。報到時，只要憑著朝聖護照及所蓋的朝聖章，經過櫃台服務人員的審核及簡單的對話後，就可免費申領無價的朝聖證書（Credencial del Peregrino），然而並非人人都可領到。

▍銀匠之門噴水池。

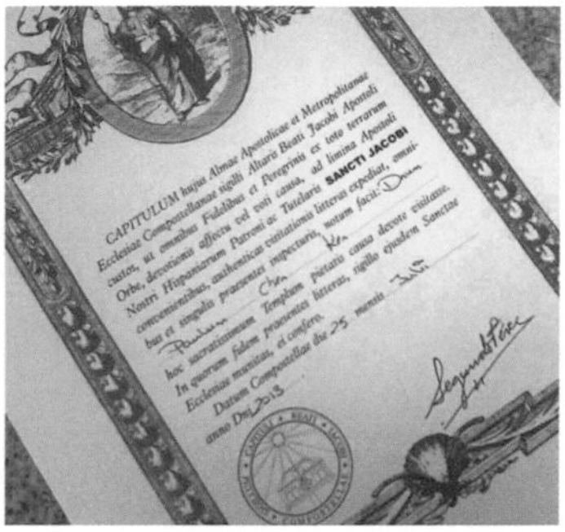

▍朝聖證書上寫著拉丁文聖名與英文譯名：Paulus Chen Ken。

▍朝聖者辦公室入口。

▍排隊等候的朝聖者。

馬提歐大師被碰歪的鼻子。

希臘神話中的大力士雕像。

榮耀之門的聖經人物雕像從左至右四位使徒形象為聖伯多祿 St.Peter、聖保祿 St. Paul、聖大雅各 St. James 和聖若望 St. John。

對非基督徒而言，它的意義是證明你的確到此一遊，加上一步一腳印眞實付出生命理念的驗證，有若一份畢業證書，是一種非宗教性的文化證明。對一位基督徒而言，這一張朝聖證明書是一種來自信仰核心的贖罪告白，並領受完全的赦罪（但它不是教會歷史中的贖罪劵），是一股來自神聖的關愛與赦免的眼神，更是微妙增添信仰生命品味來源的證明。凡行走歐洲聖雅各之路的每一個人，無論是徒步、騎馬、騎驢子或騎單車走完全程的人，都可以從朝聖局獲得這一份拉丁文朝聖證書，朝聖者的名字和國籍都會以傳統手寫方式登錄在朝聖名冊當中。如今，這份朝聖證書有了新的時代意義，更代表著朝聖者生命的一種更新，因爲一步一腳印的痛苦折騰與考驗，帶來洗滌心靈的感動，因此就在領取證書後，很多朝聖者的眼淚，忍不住在這門外湧了出來，這是一輩子神聖的愛，永遠讓人懷念的驚嘆。

抵達目的地的第三件事，就是在領完朝聖證書後，從銀匠門回到大教堂參加中午時刻的朝聖者彌撒。典禮中可拍照，但嚴格禁止使用閃光燈。朝聖者彌撒每天上午十一點至十二點舉行，在我抵達的那一天，因爲人潮很多，我提前一小時就入坐。典禮開始時先由修女帶領大家誦唱聖歌，一聽到這位修女天使般的聲音，不少朝聖者眼眶已泛起淚光，確實，她的音籟聽起來充滿靈性，比起其他的聲音更能深入人心。

朝聖者彌撒結束前，準備大香爐擺盪。

二〇一〇年十一月六日教宗本篤十六世來訪前夕，特別鋪上金黃色的地毯。

接著修女宣布今日抵達的各國朝聖者，然後朗讀一長串的國家名單，當然也包括來自遙遠的 Taiwan。

彌撒典禮結束前的高潮就是等待大香爐（Botafumeiro）的出場，五、六個穿紅色衣服的修士齊聚一堂，拉起有若拔河比賽的粗繩，使得吊掛在祭台上方八臂柱而且重達八十公斤大香爐，展開前後約八分鐘的空中驚奇，如同空中飛人來回擺盪，底下的朝聖者無不驚叫連連。大香爐外觀呈現銀色，又稱大銀爐，由黃金和青銅打造，裊裊香煙，特有的薰香味是西班牙國家級的調理配方，專爲薰除朝聖者長途跋涉後身上的異味，這是聖雅各大教堂傳統而獨特的味覺與視覺儀式，眞是太經典了。

接著，我所做的第四件事，就是在彌撒典禮禮成後，往祭台右邊的通道走去，跟隨著另一群排隊的人潮，依序彎腰登上小小門，如此即可走向聖雅各大金身的背後，予以環抱數秒鐘，如果動作夠快，也許可以與聖雅各合照。一如以往，坐在旁邊的老神父會順手送出一張聖雅各聖像祈禱文，這是教堂獨有，外面買不到，重要的是，拿到它表示「謁見」過聖雅各。接著，我走下樓轉個身來到地下室，此通道只容數個人停留，這是聖雅各靈柩停放的小聖堂，先前的兩位教宗（聖若望保祿二世與本篤十六世）曾先後來到聖地雅各朝聖，也都在這裡停留祈禱。

二〇一八年五位台灣女性朝聖者著國旗裝抵達聖雅各大教堂。（Camino 朝聖者陳入華提供）

最後就是好好享受加利西亞的美麗風情。加利西亞有很多景點值得多逗留幾天，我以聖地雅各爲定點，來一趟不同城市的一日遊：往東前往盧戈（Lugo）或敖楞瑟（Ourense），往西探訪挪亞（Noia）或費斯特勒（Fisterre，即非尼斯泰爾，是加利西亞語地名），往南到龐特維德拉（Pontevedra）或維戈（Vigo），往北走訪拉克魯尼亞（La Coruña）或費羅（Ferrol），這些景點鮮活地散發出加利西亞鄉村的風格，充滿自然野趣和古老情懷的羅馬時期景緻，從石頭城堡到老式村莊，從星羅棋布的海灘到星光點綴的漁村，處處風光遙相呼應。

挪亞市區。

盧戈市區。

XI

再往前行，走到歐洲最盡頭

朝聖者在抵達最後目的地聖地雅各休息幾天後，約有七成會選擇繼續走到歐洲的盡頭，這是聖雅各朝聖路的延伸行程。羅馬人老早就給那個地方取了非尼斯泰爾（Finisterre）的名字，因爲他們相信這裡就是土地的盡頭：finis terrae（拉丁文）。中世紀時有了更聰明的說法，認爲這裡是世界的另一個盡頭。哥倫布發現新大陸後，人們更深認識到西班牙文“Finisterre”指的就是歐洲大陸最邊陲的地方。

今日，一旦你來到非尼斯泰爾，令人失落的事實是，有一種被羅馬人搞混的感覺。當你站立在這終極土地的末端，瞭望一望無際的大西洋時，你可以猜想得到爲何羅馬人當初以爲這裡是土地的盡頭，只因爲那時羅馬沒有GPS，不知天外還有天，所以始終認爲這裡是土地的盡頭。

當年第一次來到非尼斯泰爾，我承認自己是個白痴，相信羅馬人的歷史頭腦，也一直相信這地方就是歷史中的歐洲盡頭。隔年，我再度來到歐洲行走聖雅各之路，我從紐約搭著遊輪橫渡大西洋，航行好幾天才在大西洋的一個小島靠岸，那裏距離歐洲大陸約一千六百公里，矗立著歐盟的徽記。那裡有世界文化遺產景觀的葡萄酒文化及賞鯨的好地點，屬於葡萄牙屬地，在那當下，我驚喜地發現，就當今歐洲的地理界線來看，一般認爲歐洲在大西洋的最盡頭是在亞述群島這裡，已不是歷史上羅馬人以爲的非尼斯泰爾。

海角之路最後一家咖啡吧，提醒朝聖者吃早餐。

義大利青年朝聖團合影。

聖雅各大教堂。

如今，以朝聖的觀點欣賞非尼斯泰爾這地名，我發現以它做爲聖雅各朝聖路整段路標「零公里」（Ø-K m）的座標，是很有意義的發揮。「零」是終點也是起點，也符合聖經中的α（阿爾法——元始之意）與Ω（歐美嘉——終末之意），雖空卻滿。傳說中，耶穌的門徒聖雅各在公元四〇年左右（一說是公元四四年），被惡名昭彰的黑落德王（Herod）姪子黑落德阿格黎帕一世（Herod Agrippa I）斬首於耶路撒冷聖殿外，成爲十二位門徒中第一位殉道的使徒。他的遺骸如何漂流到西班牙，史學家各有不同的爭議，其中載運遺骸的小船漂流上岸的地點就是在非尼斯泰爾，當時，他的身體被扇貝蓋滿著。聖潔者阿方索二世在聖地雅各爲他建造第一座教堂，中世紀的朝聖風潮因此興起，他的故事如同一陣風，沿著北部傳遍西歐，創造了無數的歷史故事。

於是，古今中外的朝聖者開始循著這項奧蹟，佩帶著貝殼標記，展開大遷徙的朝聖行動。虔誠的基督徒從四面八方跋山涉水，遠從世界各個角落走上聖雅各之路，他們付出一切，只爲一睹聖雅各大教堂神聖的靈柩和造訪位於土地盡頭的非尼斯泰爾。

▍聖雅各朝聖路的起點，也是終點：Ø-km 地標。

▍非尼斯泰爾鳥瞰圖。

▍非尼斯泰爾碼頭街景。

即刻救援，名垂青史

接下來的非尼斯泰爾，在朝聖的時空中有新的元素，也有舊的一縷永恆。每個情節都喚起朝聖者不少歷史情懷，其中最引我注意的是一個男人。

一七七九年六月，正值美國革命戰爭期間，這個男人從美國銜命前往法國尋討救援，橫渡大西洋時不幸遇上船難，他的救國使命差一點絕望，所幸他及時登陸非尼斯泰爾，做出一件了不起的抉擇，就是反向穿越西班牙朝聖

之路，再跨越庇里牛斯山，以各種方式和兇猛的步伐到達巴黎，火速向法國請求救兵，最後他的使命獲得法國的青睞，轉變了美國的命運。

當初這個人毅然決然從非尼斯泰爾長途跋涉走到巴黎，走過很長的「法國之路」，拯救他的國家。返回家鄉後，他成了一個救國英雄，後來更成爲美國第一任總統喬治．華盛頓的副手。一七九七年，美國人民選舉這個人成爲第二位總統，他的名字是約翰．亞當斯（John Adams）。

非尼斯泰爾戶外彌撒。

朝聖者回響

朝聖者的天亮時刻

Camino 朝聖者／陳小茜

因 Camino 之名，二〇一八年我再度佇足那千年古道。一趟聖雅各朝聖路，從第一次到西班牙，雖然相隔九年之久，想起各國朝聖者那種獨有的虔心腳步，從清晨，中午到黃昏，他們的臉龐不斷在我眼前流轉，雲霧乍然數著我無盡的步履，如此清心如此宛然，像似一條河的流轉，八方交會錯綜，看來眞是可奇可歎。朝聖於我，有如好奇似的尋訪走探，特別是古地圖中的遺跡蹤影，走著想著，那一撥中世紀的故事，不管有多少人遺忘，一番乍然欣喜之餘，我想我終會熟悉它的存在。如今我知道，自己正循著中世紀「原始之路」，探看那通往聖地雅各的朝聖路徑，正如賽斯諾特博姆在《Roads to Santiago》書上，透露出令人驚嘆訊息，聖雅各朝聖之路不會只有一條道路，而且也不是只有一種風貌。

多年前初訪Camino，我選擇「銀之路」，然後接軌走入「法國之路」（El Camino de Francés），生平第一次感受世紀朝聖者的孤獨吶喊，獨自一人站在山林深谷中徘徊，那此刻尚且對銀之路亦驚亦慌，後來的法國之路蔚爲青翠樹林，兩像之間各有大地之美。然而，今年匆促成行，我卻意外選擇「原始之路」走到聖地雅各再接軌「海角之路」。猶記得二〇一八年在輔仁大學舉辦的第三屆Camino朝聖者研討會，一群朝聖者從不同角度中看那蜿蜒山谷、蒼鬱林道、中世紀小村莊……也許，那種描繪眞是美翻了！一場研討會，引人聆聽不同路段的朝聖分享，上下充滿想像Camino的路徑世界，或許傳聞中的秀美之景，眞的令人難以言傳語繪！我料想數百年前，朝聖者一次又一次的走上這條路，Camino吸引人的地方，或許，不是美妙的庇護所，或許，也不是誘人的觀光美食，靜心認眞想想，只有這沿途馳騁空間的寂靜之美，讓我笑了起來，這或許，才是八方異人會如此不約而同地愛上Camino的動人之處。

在那之後，我終於再度回到朝聖路，追憶起第二次「Camino」。二〇一八朝聖之旅，或許早早在心中一直不斷醞釀，但就是差一步自我推出去的力量。然而，我是多麼渴慕，能再度爲自己踏出這腳步，不管有多巧合的休假，今年短短二十一天假期，已讓我衝動決定再度「出去一下」。主

到了！聖雅各前哨站的 Santiago 標記。

要盼望是爲沉澱個人信仰所帶來的「心靈寬恕」實踐，因爲朝聖，我的朋友笑稱朝聖需要這麼嚴肅以待嗎？爲什麼是要去尋找「救贖」？「你沒有傷害人啊！」，「或是對不起誰？」，那麼，「爲何要前往尋求心靈的救贖呢？」，這是得眞實忍受的疑問，以致非基督徒朋友們無可避免一直猜測，這萬方多難已流爲困惑我的抉擇與想法。事實上，懺悔與救贖，是基督徒很重要的核心理念，這是中世紀盛傳的「贖罪」是針對平常所做、所想、所爲，而必要的省思，可因一次朝聖行動感念，做一個洗淨的處理。或許朝聖路的一步一腳印正好協助一個人的信仰的踏實成長，同時提供自我懺悔的行動，讓自己重新學習放下種種不健康的是是非非。

但是，有人忍不住懷疑爲什麼一定非要朝聖才能得到「救贖」？爲什麼還得「花錢」感受朝聖的痛苦挑戰？不管人云亦云，我靜坐冥想一場 Camino 朝聖者研討會，至於什麼是眞正的朝聖，我相信，中世紀利用這條道路讓朝聖者心中建立起與神對話，這是來自於聖人的指引，或多或少給了心領神會，而一種信仰贖罪觀開啓 Camino 思維的機會點，告訴你的身心靈需要重新被救贖，需要再度被洗淨，需要更多更多的力量，完成人生奇妙的事。

這條道路，不同路徑通往終點，不分你我，不分宗教信仰，有苦有樂，有痛苦有愛。做一個朝聖者，我努力學習如何與自己對話，我認眞思考中世紀基督徒的信仰生活，有如面壁靜坐看到眞正的朝聖意涵。從一步一腳印檢視自己內心是否有過錯，那你在盼望得到一種宗教寬恕之前，就要看看自己願意付出多少體力代價，一方面衡量自己肉體能承受的了多少，一方面要爲自己心靈的罪願意付出什麼省悟，這一切與橫在我眼前的腳力傷痛與困頓，我究竟能不能克服，我的毅力夠不夠撐到那終點？當我行經「原始之路」轉向接到「法國之路」，想到前往 Melide 路上的雨勢時，後段路徑仍不停下著雨，我的腳開始疼痛不堪，簡直難以再踏出腳步，眼看路途仍是那麼遙遠，好像還得無止盡的走，不小心的眼睛竟就在林間哭了起來，我的哭泣很無助，或許我只想要吶喊，直到小城出現在不遠的那一刻，這苦撐的心，終於綻開了！雖然，這一天我走的很苦，但出奇不抱怨，因爲我了解，從沒有人強迫我來，既然自己選擇了走這條朝聖路，說原本，就是自己決定承載的「心靈寬恕之旅」。

結束原始之路那一天，我從 Melide 走回「法國之路」，這路線人潮明顯的增加，也不知道爲何會冒出這麼多的朝聖客，其中還有不少人是搭著遊覽車，他們一群人從薩里亞 Sarria 被放下車，似乎不知從何而去？

朝聖路常見的雅各十字架。

或許，這是從Sarria開始行走倒數一百公里的行程，因此，回到法國之路，你可以開始看見更多團體，來自四面八方的觀光朝聖客，都是朝著聖城衝刺，每個人的目標雖大不同，但很明顯，都是爲了渴慕的目標在前進。

結束從Lugo到Santiago這段一〇三公里路程，也因時間關係，我停留聖城一夜，隨即搭車到海角之路捕鯨古村港Cee這城市，重新開始另外一段「海角之路」的朝聖，這是我期待已久的一條路徑，原本是想在里耳這個小村莊落腳，但是，似乎有股誘發推進的力量，讓自己一口氣走到Muxia的衝勁，二話不說，我不在乎停留，馬上再背起行囊，繼續往前邁進，走過亂石，踏進森林，那是傳說中的死亡海岸前哨山路，沿途幾乎都沒有人，只是看見前面有個人騎著腳踏車，經過了兩段沒有指標的路口，停了下來，東張西望，像似迷路的朝聖者，他的沉靜思考模樣，煞是好笑，那時刻讓人想起在生活中，一旦遇上麻煩困難時，妳會如何抉擇呢？

或許他的人生叉路，都是在一瞬間，自己得決定方向。

此刻，我想起前天在庇護所遇見美國朝聖者有趣的一面，外貌酷似英國的一位影星，但是他的年齡竟然與我老爸同年。昨天晚餐桌他透露一段說不清的朝聖經歷，只知道他說了心中有最愛的一句名言，忽然對應了我的朝聖心境。我記得那是一個人的「未走之路」（*The Road Not Taken*），是一位美國詩人佛羅斯特（Robert Frost）寫的詩。聽說，這是他最有名的一首詩，文字節奏鮮明而且意境優美，如今他那段

I shall be telling this with a sigh
Somewhere ages and ages hence:
Two roads diverged in a wood, and I,
I took the one less traveled by,
And that has made all the difference.

放在我面臨的窘境，像是透過一種直接的描述，牽引出朝聖者的豐富意識，那聲音迴盪在這林間，意外傳達他的哲理，深沉而餘韻無窮。這

人生未走之路，若隱若現將出現自己的生命道路上，也許意外影響一個人的未來方向；如同在朝聖路，沒有人有義務照顧你，或停下來幫助你，一切只能靠自己去面對，讓心裡的恐懼，面對路邊黃箭頭，面對地上貝殼記號，或是有心人留下指引，這一切讓我迷途中鬆了一口氣。或許我的腳已是痛到一個無法想像的痛境，連踏出一步都有舉步維艱的困難，那種心很亂，讓自己又掉下眼淚，哭了又哭，吼了又吼，又因爲害怕太陽下山而不敢多休息，當走出森林來到公路上，感覺好像會得救，我一拐一拐前進，向經過身旁的汽車揮揮手，卻沒有人願意停下來，「有沒有願意載我啊？」，「沒有人願意救我啊？」，我再度失落到谷底，經過我身邊的朝聖者告訴我，撐著，就快到了，加油啊！我知道快到了啊，可是我的腳就是痛到無法走了啊！我只能一跛一跛的走進死亡海岸Muxia，感覺身心俱疲，似乎哭到不能再哭，我的眼淚已洗淨我的靈魂，才讓我得以走到了庇護所。當開門的那一刻，庇護所店老闆衝了過來，拉了一張椅子要我趕快坐下，卸下包包，此時此刻，我已經無法再思考任何一件事，頭暈目眩，只想趕緊躺下休息，老闆很貼心的給了我下舖的床位，關心著我的傷勢，雖然知道一切都已經結束、都已經平安達陣，由於腳的痛楚與身體的狀況不佳，所以我沒有特別的感覺，只想休息。隔天起床，老闆看到我，關心著我的腳，並送來一張海角之路的朝聖證明，看到這張朝聖證書，書寫著名字，我豁然開朗，我知道我完成了，我終於成了！一步一腳印的Camino，痛苦指數爆表的Camino，我成功了！

走過了原始之路、死亡海岸，回到聖地雅各重要一件事就是再度進殿抱抱聖雅各，我靜坐聖殿與聖雅各對看，或許，它的出現依然在我所見的Camino，而那十四處的苦路，彷彿讓我學習凝視「贖罪」的代價，想它有多悠長的故事，想一路相伴的天使，想想這一路之遙，那十字架一點也不戲劇化。因爲，有Camino，我得到一個重新的自己，這感恩圍繞，當然不純粹是信仰事，卻不能不說是聖雅各特別給予朝聖者的恩典。痛苦也罷，幸運也罷，我的罪赦再度在這「沒有罪的城」的天亮時刻，劃下神聖句點。

朝聖者抵達 Finisterre 海邊，沙灘尋找貝殼的歡呼。

go

Sarria 薩里亞

Barbadelo 巴爾巴德羅

Portomarín 波爾托馬林

Hospital de la Cruz 十字架醫院

Palas de Rei 帕拉斯德雷

Furelos 福樂羅斯

Santiago de Compostela 聖地雅各・德・康波斯特拉

Melide 梅利德

Monte do Gozo 歡樂山

Arzúa 阿爾蘇

Lavacolla 拉瓦哥雅

St. Irene 聖依勒內

薩里亞 Sarria

從薩里亞（Sarria）走到聖地雅各這一段朝聖路徑，是人人可以輕鬆行走的路徑，也是法國之路最好走又能符合領取朝聖證書要求的路段（領取朝聖證書的資格，請見附錄，頁二六八）。

在整條朝聖路徑的總體評估下，不論氣候和月令，這段旅程受到的影響最小，即使在十一月到三月，路上仍然可見朝聖者。這最後一百里路，可以單獨規劃出一個行程天數，針對沒有足夠假期、又想體驗朝聖路的旅人。由於路段好走，也相當適合個人和親子家庭的朝聖計畫。

這段路通常有兩種走法可供選擇。一種是延續之前的路線繼續前行，從薩摩斯（Samos）繼續行走十二．四公里路，來到朝聖路主要路徑上的薩里亞。另一種新選擇是，直接從馬德里搭車前來薩里亞，以此作爲起點行程，一路走向聖地雅各。無論你之前的路段如何行走，坐車或是騎腳踏車；不管你是跳躍式地選擇

倒數一百〇八公里朝聖章。

薩里亞出城路街景。

落腳村莊或已中斷村莊連續性的人，只要從薩里亞開始以徒步方式走到聖地雅各，就可以領取朝聖證書，但建議你在薩里亞重新辦理一張新的朝聖護照。

薩里亞小鎮因為地理上的突出性，二千多年前已有凱爾特人（Celt）和羅馬人來到此地，十二世紀才由萊昂最後一個國王阿方索九世（Alfonso IX）建城。一二四〇年他前往聖地雅各朝聖，不幸病死於此城，現在的警察局附近立有他的雕像。在朝聖路高峰期，薩里亞曾經擁有七間朝聖者醫院庇護所，其中聖安東尼朝聖醫院照護麥角症）的朝聖者，算是最有名的治療地方，這是中世紀天主教會最珍貴的「大愛」展現。中世紀時期，由於天主教修會團體陸續在這裡建設主要道路及開拓朝聖者社區，薩里亞因此成了頗受朝聖者期待的一座城市，更造就今日新舊風格參差並立的城市面貌。離開庇護所往前行，只有一條路，就是繼續沿著柏油路徑往下坡，繞來繞去地會經過很多的小小村。

麥角症

麥角是穀類作物（如小麥）被真菌感染所形成的黑色物質，它是由多種叫做麥角菌的真菌引起的。人或牲畜食用帶有麥角的穀物會造成幻覺、痙攣、精神錯亂、四肢疼痛、如火焚身等症狀，中世紀曾在歐洲造成大規模的不知名瘟疫，稱為「聖安東尼之火」（Saint Anthony's fire）。

薩里亞清晨的朝聖者。

波爾托馬林 Portomarín

來到波爾托馬林，這是一個以教堂爲中心的山城，朝聖者沿著跨越米紐河（Río Miño）新橋的斜坡而上，必須再登上一道古羅馬舊橋進城，這是爲朝聖者而設的台階，騎自行車者必須扛著自行車爬上去。朝著城門往上走，會先經過波爾托馬林旅遊服務中心，美麗的風景海報讓你可以快速認識這個城鎮，走出廣場再往上走，可以看到兩邊有不少商店。眼前街道成上坡狀，直到鵝卵石廣場，此處正好可以小坐休息，對看前面的聖尼格老教堂（St. Nicolás Church），此教堂屬於羅馬式後期的建築形式，特別注意它完全垂直的門觀和頂部兩個城垛（前後共四座），這是防衛性的城堡教堂建築，與一般羅馬式的建築又很不同。它的高度足可俯瞰河流對岸的一舉一動。

波爾托馬林是湖畔小城，居高臨下，有一段關於石頭的辛酸史。一九五〇年佛朗哥政府在這裡築起水壩，上下游落差達四十公里，有些地區的居民被迫搬遷至地勢較高的地區，包括原

來的聖尼格老教堂。早期羅馬式教堂是由一塊一塊的石頭堆砌而成，而羅馬式建築的砌拱法比羅馬人的砌拱法更簡便得多，拆解更方便。爲了維護原貌，人們將拆解下來的石頭一一編號，就像樂高組合玩具似的拆解大搬遷，所以現在教堂內外還可以看到石頭的編號，就是保存當初完整搬遷的見證，這是一場羅馬式石頭的神奇演化，一種更高貴的眞實，它不被時間局限，反而創造復活與永恆的象徵，在建築的領域中，這種保存古建築的工法，依舊讓人能夠仰望它。

波爾托馬林山上之城，還有著一座儲水庫，下午時刻點綴雨中無盡的詩意，這裡養殖鱔魚魚苗，炸炒鱔魚成了當地一道美食，佐以當地出產的白蘭地美酒，又是餐桌上迷人的佳餚。

出了小鎮順著原路走下坡，循著黃箭頭，可以看見出城的指標，並會經過這一鎮的庇護所，你不妨進去蓋個朝聖章。接著經過紅色鐵橋，走過它就此告別波爾托馬林。

波爾托馬林聖尼格老教堂立面。

在波爾托馬林山頂眺望水庫集水區。

德萊博雷羅 Leboreiro

靠近福樂羅斯 Furelos 前一站 Leboreiro 路旁這座聖母瑪利亞教堂……，屬於十三世紀羅馬式建築，中世紀期間曾經是朝聖者醫院，是由烏略亞（Ulloa）家族贊助成立，教堂的門牆鑲刻有貴族的紋徽，教堂的前面有一個別緻的茅草屋結構，它的功能如同沿途的穀倉，但它是用來儲放玉米的。教堂的立面山花雕刻著東方三博士朝拜聖子耶穌的降臨，斑駁的石頭，灰暗的色澤，看來依然令人生畏。

這教堂還有一個美麗的傳說。有一天教堂附近冒出噴泉，白天放出芳香的氣味，夜間形成一道水柱亮光，於是村民認爲這是奇蹟，開始挖掘噴水泉附近的泥土，竟然發現聖母瑪利亞的聖像，於是立刻將她移進教堂裡。後來聖母顯靈出現在噴泉旁，她用此噴泉的水梳理頭髮後就離開了。現在村民仍每天用泉水爲她的聖像梳頭。從這裡到梅利德路很近，只剩下五．九公里。經過村子，你會不經意看見民屋前提供免費茶水，是爲朝聖者擺設的。

Leboreiro 十三世紀羅馬式教堂。

德萊博雷羅村莊別緻的穀倉。

梅利德 Melide

梅利德有個特別的地理位置點，它是北方朝聖之路從奧維多（Oviedo）一路走來與法國之路的會合點。橫跨梅利德小鎮之拉匝祿河（Río Lázaro）的五拱橋，把朝聖者帶向聖地雅各。像這些經常可見的羅馬橋，不管是羅馬時期或是中世紀建造的式樣，看似簡單卻堅固無比，它的優雅線條，雖然只有幾步長，卻氣勢渾厚，令人大爲敬畏。小鎮朝聖路上，有一家店名取自舊約先知厄則克耳的章魚小吃店（Pulpería Ezequiel），已有五十年歷史，是朝聖者必到之處。在即將抵達目的地之前，不妨好好犒賞自己的終極美食，那一盤章魚切盤，眞是令人回味無窮。我在第一次朝聖時除了學會西班牙文「Buen Camino」，更老早背會 **Pulpo a la gallega**（章魚燒），這個詞指的就是加利西亞梅利德的這道招牌菜。

梅利德街景。

厄則克耳章魚小吃店。

朝聖者個個誇讚老闆店名取得好，因爲厄則克耳是舊約聖經中具有遠見的大先知，而這家厄則克耳小吃店生意也是超好，每次路過總是高朋滿座，這種加利西亞地方小吃最能表現西班牙人的風情，不論食物的氣味，高談闊論的聲音，或是店家的氛圍，加利西亞人的風情，盡在其中。朝聖者不妨試試當地人的飲食，藉此更瞭解加利西亞的食事文化與風土人情。

梅利德十二世紀古羅馬五橋拱的拱橋。

聖地雅各·德·康波斯特拉 Santiago de Compostela

想要認識聖雅各大殿，可以從西元八一三年遙遠的時空中，探索當時阿斯圖里亞斯（Asturias）國王阿方索二世的種種驚訝，重新聆聽隱修士所發現的神奇聲音開始。由於星野中神祕聲光的指引，隱修士奇蹟式的找到聖雅各遺骸，從而啓示國王虔心安放耶穌門徒聖雅各的遺體，最終建造了這一座教堂。

歷史中的聖雅各大殿從十一世紀開啓不同的建築風格，經歷羅馬式、哥德式、文藝復興式、巴洛克風格的演變，最後融合出一座不朽的聖雅各大殿。隨著聖雅各遺骸的出土信息遍傳歐洲大陸，從十五世紀起，聖地雅各成了基督宗教中世紀期間最重要的朝聖地。歷史開啓了這條聖雅各的朝聖之路，從伊比利半島往東延展開來，造就歐洲大陸的朝聖風潮。四面八方的朝聖者風湧而起，最終目的地是走到聖雅各大殿，現在這座大教堂是整個城市導覽路線的起點，你會發覺整個舊城圍繞著大教堂，美妙地組合出一個永恆多於古老的宗教氛圍。

一群觀光客凝視羅馬式建築之美。

聖雅各大教堂西立面大門。

海角朝聖之路 Camino de Finisterre & Muxia

從聖地雅各的西南方，再延伸出來約九十公里的路程即可到非尼斯泰爾。這一段路簡稱為 Camino de Finisterre & Muxia 路徑，亦稱為海角朝聖之路。如何走西班牙海角之路，是近年來很吸引人的話題。從聖地雅各走到非尼斯泰爾大約需要四天三夜，中途在醫院村（Hospital）小鎮遇上分叉路，左轉往前走，終點就是歐洲大陸的盡頭——非尼斯泰爾的燈塔，若在分岔路上選擇向右轉，則走向另外一個大地終點穆西亞（Muxia）。

從地理位置來看，聖地雅各——非尼斯泰爾角——穆西亞剛好形成一個三角路線，沿途有四站庇護所可停留過夜。非尼斯泰爾庇護所很好找，就在市區巴士站旁邊。當你停留非尼斯泰爾庇護所時，別忘了申請海角之路的朝聖旅行證明，憑沿途的朝聖印章，可免費獲得此證明。這是個很別緻的旅行證明，如同朝聖證書一般，朝聖者也渴望擁有。這裡有美麗的沙灘、漁市場、遊艇碼頭、各樣的酒吧和餐館及便宜的新鮮海產。

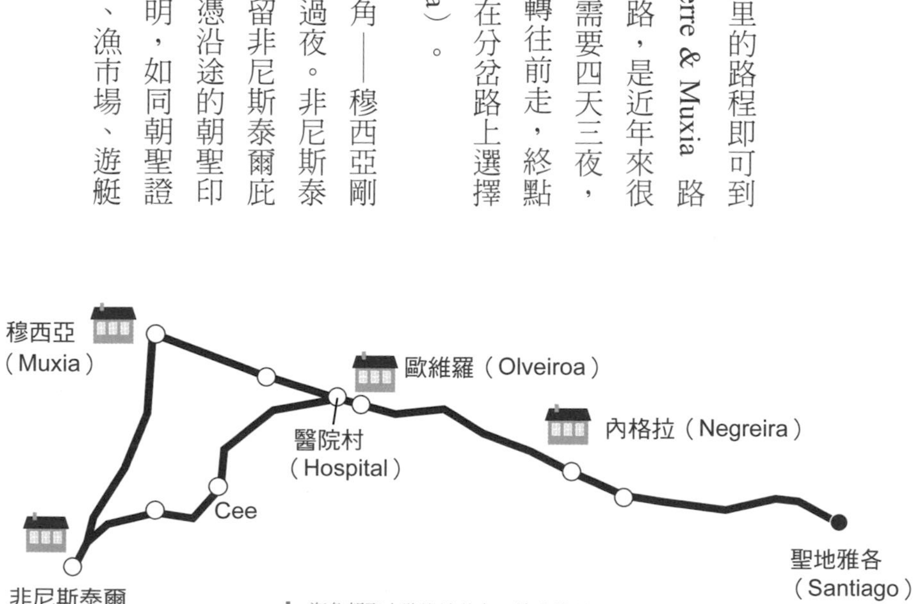

海角朝聖之路沿途共有四站庇護所。

你可以在此結束整個朝聖之旅，輕鬆渡一個小假期，然後搭車返回聖地雅各。你也可以選擇繼續行程再往北走，前往另一個美麗小港口穆西亞，再從那裡返回聖地雅各。這一天的行程最好一早七點就出發，循著地上指標一路前行，穿越傳說中凱爾特人的死亡海岸，路程約三十公里，下午二點左右就可抵達穆西亞，同時，在穆西亞旅遊中心憑朝聖護照也可免費領取一張穆西亞朝聖旅行證明書。

穆西亞是一處令人爲之驚豔的邊陲小漁村，電影《朝聖之路》中那群朝聖者稱呼穆西亞爲"Last World"，並且以聖瑪利亞教堂（Iglesia de Santa Maria de Muxia）爲背景，譜下父子倆的靈魂在海浪拍打中會遇的高潮。這一幕幕的唯美鏡頭，不知感動了多少人落淚，特別是美國人。這部電影呈現朝聖主題的深刻描繪，吸引不少美國人相繼前來聖雅各之路，接下來幾年，電影效應持續在亞洲地區蔓延，再次勾起不少影迷尋求朝聖靈性之美。二〇一三年，我在朝聖路上就遇見好幾位非基督徒，都是因著這部電影而加入西班牙朝聖之旅。

從 Santiago 出發的指標。

作者的非尼斯泰爾朝聖旅行證明書。

從非尼斯泰爾到穆西亞這段朝聖路沒有巴士營運。這不長不短的三十公里路程有一個重點不要忘記：朝聖者必須在中途站里耳（Lire）村莊，唯一的一家酒吧加蓋朝聖章，以證明你是用走路方式來的朝聖者。

你若忽略這個動作，一旦抵達穆西亞庇護所將被拒絕入住。穆西亞此地唯一的一間公立庇護所有嚴格的住宿規定：凡從聖地雅各以搭車方式前來此地的朝聖者，恕不提供服務，所以在這段路上取得里耳中途站的朝聖章是非常必要的。西班牙整條朝聖路中，唯獨這一小段路徑有此特殊規定，想挑戰這段路的朝聖者千萬疏忽不得！

從非尼斯泰爾每天有四至五班巴士回到聖地雅各，巴士站就在庇護所的側門出口。穆西亞每天也有車班直接回到聖地雅各，巴士站就在漁港碼頭附近。

非尼斯泰爾碼頭街景。

從非尼斯泰爾往穆西亞途中。

穆西亞聖瑪利亞教堂。

非尼斯泰爾漁港一隅。

里耳咖啡吧小站蓋章之處。

Camino 路上朝聖者庇護所

薩里亞
Sarria
Albergue Xunta
660 396 813

費樂歐
Ferreios
Ref. ACAG
982 157 496

波爾托馬林
Portomarín
Ref. Municipal
982 545 070

十字架醫院
Hospital de la Cruz
Ref. ACAG
982 545 232

帕拉斯德雷
Palas de Rei
Albergue Xunta
660 396 820

梅利德
Melide
Albergue Xunta
616 764896

阿爾蘇
Arzúa
Albergue Xunta
660 396 824

聖依勒內
St. Irene
Ref. ACAG
660 396 825

歡樂山
Monte do Gozo
Ref. ACAG
660 369 827

聖地雅各・德・康波斯特拉
Santiago de Compostela
Alb. Seminary Menor
981 031 768

跋

朝聖路的體驗，是一項充滿挑戰的眞實意識，不但藉由更深層的肉體痛苦考驗，同時也發揮自我靈性更新的機能，使內在心靈變得輕盈，外在虛胖變爲結實，這種神聖渴望與世俗動機的融合，唯有一顆不抱怨的心，才能確實創造不可思議的意志腳步。

停止抱怨，欣然接受

朝聖路不僅考驗人的雙腳，更試探人的心。當你在這條路上看到簡單的床鋪，簡單的食物，簡單的服務設備，簡單的浴室廚房，你的嘴巴可以停止抱怨，開始坦然接受，給自己時間與空間接受朝聖挑戰，這時你會發現你說出的怨言愈來愈少。別的國家的朝聖者跟你一樣安於物質上的安排，因此你可以覺察到整條朝聖路的氛圍，不只甚少現實生活中的抱怨，這樣的態度也充滿朝聖的生活意識中，從不抱怨生忍耐，忍耐生改變與轉化，當你持續前行，你自然而然地被帶入更美妙的情緒層次，促使朝聖者做出正面的觀想。這種改變的速度會有多快呢？我且相信，一旦你隨著腳步的痛苦承受，付出了意願、時間、精力和渴望，不抱怨的心被朝聖的心拓展過後，將打造一個比你原本擁有的還要意外的習性：接受別人，包容別人，體諒別人。這種不抱怨心的習性轉化，是朝聖者一種主觀的幸福感，跟你的學識無關，跟賺多少錢，什麼職業背景，拿那一國護照都沒有關係，只存在於你的腳步中，不在外在臉龐裡，也不用上網搜尋，而在於你雙腳行動的接納與放下。

人間的幸福

朝聖路的行走，是一種不爲形體所羈絆的自走，也是不爲物所累的庸擾，這種遠離大千之外的自在，任由自己在一片心靈共鳴的空間中遊走，是人間一種幸福。行走朝聖路不但製造與自我身體相處的考驗，也提供大自然與肉體互動的「身體健康檢查」，還有另一項重大意義，即讓自我心靈在一片和諧共鳴的神聖空間中遊走，進行一場生命力的「心靈健康檢查」。

庇護所旺季滿床時加舖床位。

全家福朝聖隊伍。

跋

從清晨的出門，進入大自然的步行之樂，春有百花，夏有蟬鳴，秋有清風，冬有山雪。不論斜風細雨獨行、山野幽徑前進或林間漫步；沉默的山，蜿蜒的路，經由朝聖走路的洗禮，一步步洗滌你心中的俗塵，一次次擦乾你的眼淚，最後交出一顆意想不到的更新靈魂。這種藉由「流汗愈多，快樂會更多」的 Camino 朝聖理念，不但讓人走出健康的身心靈，走出信仰的盼望，更幫助尋求戒菸、戒酒、戒毒的人，重新在這條路上找到驚人意志力，改變自己的人生。人若能暫時離開膚淺的生活表面，將自己帶進當今朝聖路的眞實探訪，拋棄類似「我沒有空……」、「我的工作走不開……」、「我沒有同伴……」、「我的英語能力不好……」、「我的身體情況行嗎？」、「我的腳力可以嗎？」、「我的年齡合適嗎？」等諸多疑慮，以便探求更豐富的生命、認識歐洲文化的靈魂，我且相信，這一趟 Camino 絕對不虛此行，這也是筆者爲你期盼與深切祝福的。

歡迎「未來的朝聖者」帶者擔子前來與我聯絡，我很樂於再度與大家分享 Camino 神聖而自然的節奏。來信 camino2021@hotmail.com。

朝聖者抵達終點，在歐伯多洛廣場（Prazade Obrâdoiro）前的歡呼。

附錄

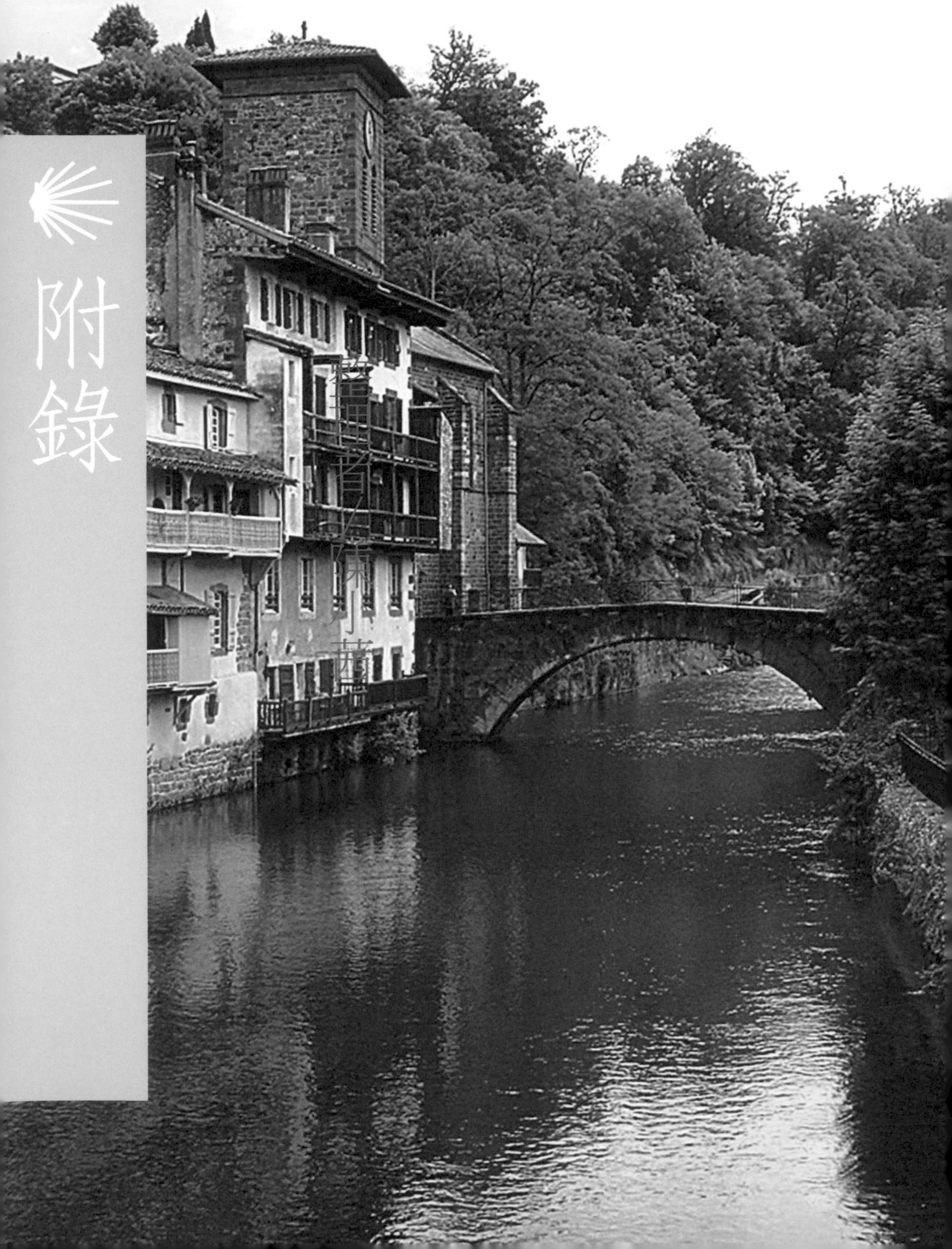

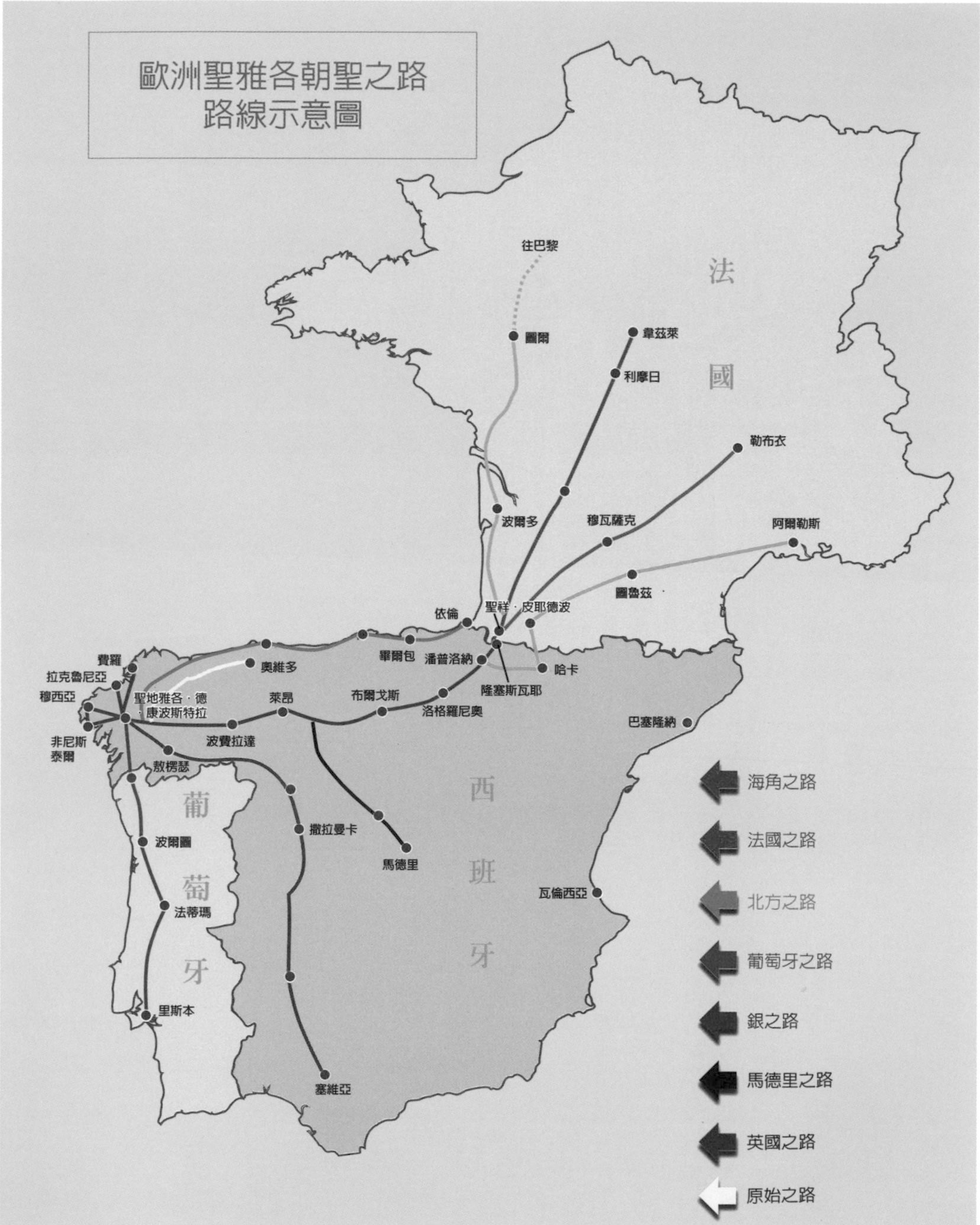
歐洲聖雅各朝聖之路
路線示意圖
法
國
西
班
牙
葡
萄
牙
往巴黎
圖爾
韋茲萊
利摩日
勒布衣
波爾多
穆瓦薩克
阿爾勒斯
圖魯茲
依倫
聖祥．皮耶德波
畢爾包
潘普洛納
哈卡
隆塞斯瓦耶
費羅
奧維多
拉克魯尼亞
穆西亞
聖地雅各．德
．康波斯特拉
萊昂
布爾戈斯
洛格羅尼奧
巴塞隆納
非尼斯
泰爾
波費拉達
敖楞瑟
撒拉曼卡
馬德里
波爾圖
法蒂瑪
瓦倫西亞
里斯本
塞維亞
海角之路
法國之路
北方之路
葡萄牙之路
銀之路
馬德里之路
英國之路
原始之路

條條道路通往聖地雅各·德·康波斯特拉？

從聖雅各之路西班牙境內的起點隆塞斯瓦耶到終點聖地雅各，共約七百九十公里，形成傳統中的 Route de France，一般中文翻譯成「法國之路」，然而，「法國之路」的主要路徑是在西班牙境內，而非在法國，只是它的起點在法國，通常是指法國境內庇里牛斯山下的小鎮聖祥·皮耶德波（Saint-Jean-Pied-de-Port）。

然而，朝聖旅人需要特別注意的是，歷史上東歐、西歐、南歐甚至北歐及英國地區的朝聖者到聖地雅各去朝聖旅行，會根據他們的出發點而有不同的路線。最常採用的是：

第一條路線

是從法國巴黎聖雅各塔（Tour Saint-Jacques）出發，經過圖爾（Tour）和波爾多（Bordaux），最後到了庇里牛斯山下聖祥·皮耶德波，接軌進入西班牙（可選擇法國境內的拿破崙路線或瓦卡羅路線）。

巴履聖雅各塔。

第二條路線

從法國中部韋茲萊（Vezelay）出發，經過利摩日（Limoges）到聖祥・皮耶德波。

第三條路線

始於法國中南部的勒布依（Le Puy），經過中世紀相當有名的孔克（Conques）和穆瓦薩克（Moissac），同樣也是到聖祥・皮耶德波。這一條路線是法國境內目前仍然盛行而且普遍被選擇的迷人路線。

法國境內聖雅各之路的貝殼指標。

孔克大教堂。

聖雅各大教堂。

第四條路線

從南法的阿爾勒斯（Arles），往西經過吉爾（St Gilles）和圖魯茲（Toulouse，目前是法國 Air Bus 航太總部所在地）到烏爾多斯（Urdos），最後轉入西班牙的哈卡（Jaca）。

所以，朝聖者可以看到，整條扇形的聖雅各朝聖路匯集成二個起點：一處是以交通比較方便且熱門的法國聖祥．皮耶德波做爲正式起跑站，再轉進西班牙隆塞斯瓦耶；一處是由法國烏爾多斯進入西班牙的哈卡。這兩條路徑最後會合於西班牙拿瓦納自治區的皇后橋小鎮，最後抵達加利西亞自治區的聖地雅各．德．康波斯特拉大教堂。

阿爾勒斯羅馬時期的競技場。

圖魯茲街景。

皇后橋

我們且瞧瞧庇里牛斯山另一方的聖雅各之路。在西班牙境內目前已延伸出八條不同路徑分別抵達聖地雅各，各自滿足來自不同國家地區的朝聖者。

諸如從**英國方面來的**，可循抵達西班牙北部港口拉克魯尼亞（La Coruña）爲起點的英國之路以及以奧維多（Oviedo）爲起點的原始之路。

奧維多大教堂。

拉克魯尼亞市政廳。

葡萄牙地區可從首都里斯本（Lisboa）出發，經法蒂瑪（Fátima）聖母朝聖地及波爾圖（Porto）的葡萄牙之路。從風景秀美的葡萄牙一路北上，走至西班牙加利西亞聖雅各大教堂，全長約六一六公里。

西法方面，可從依倫（Irún）入境到聖巴斯蒂亞（San Sebastian）經畢爾包（Bilbao）終點到聖地雅各的北方之路。這條路又山又海，全長約八百五十公里。

法蒂瑪。

畢爾包。

葡萄牙之路指標。

畢爾包的古根漢美術館。

北非方面來者，是行走從西班牙南部的塞維亞（Sevilla）登陸爲起點的銀之路；以及地中海地區登陸西班牙巴塞隆納（Barcelona）的亞拉岡之路及由瓦倫西亞（Valencia）登陸，以馬德里（Madrid）爲起點的馬德里之路。

「銀之路」石柱路標。

撒拉曼卡（Salamanca）市政廳廣場。

巴塞隆納。

馬德里。

法國之路是最有人氣而且最多朝聖者行走的路徑，也是華人最爲津津樂道、口說耳傳的「聖雅各朝聖之路」的主線。

換句話說，法國之路的路標及指標最多也最明顯，村與村之間行走的距離，不至於空曠遼長，每天可隨個人的體能來搭配，女性朝聖者走起來還算ＯＫ。總體上比較，目前法國之路的庇護所家數最多，床位數明顯也比其它路線多，Bar 及餐飲設立也可滿足朝聖者的需求，而且萬一中途不幸退出行走時，隨後的交通問題是比較容易有著接應。總而言之，對初次體驗朝聖路的人來說，選擇法國之路是最棒且不容易迷路的路線。

▍法國之路小村貝殼指標。

▍歐洲文化之路聖雅各古道貝殼指標牌。

▍巴倫西亞省的朝聖路指標。

這八條路線中，只有法國之路每天的路程是由東一直往西走，有趣的是，萬一失去方向，記得太陽引領著你的影子，只要追逐著影子走，你將很容易回到路上。同時，這條路將帶你穿越西班牙四個自治區，七個省份，經過一百八十八個鄉鎮城市，對照本書所列路徑圖，由東到西行進的路線，依序如下是：

1 Comunidad Foral de Navarra 拿瓦納自治區：
Navarra 省（通行巴斯克語）

2 La Rioja 拉里奧哈自治區：
La Rioja 省。

3 Castilla y León 卡斯提亞．萊昂自治區：
Burgos，León，Palencia 省（西班牙最大的一區）

4 Galicia 加利西亞自治區：
La Coruña，Lugo 省（通行加利西亞語）

想領取朝聖證書，你一定要知道……

朝聖護照（La Credencial）是專爲聖雅各之路的朝聖者證明身分之用。朝聖者入住庇護所，只需出示朝聖專用護照本，同時上面還必須加蓋朝聖章。有的庇護所在登錄朝聖名冊時，會要求出示你的官方護照以核對朝聖護照上的資料是否正確。這些庇護所有別於一般旅館，服務對象僅限於擁有朝聖護照證明文件的朝聖者。

在朝聖路上萬一中途遺失朝聖護照時，你可以臨時用空白紙張蓋章並留存證明，在庇護所報到時出示，並以沿途拍照留念的照片佐證你是眞正的朝聖者，這種替代方法，只要朝聖者誠實說明，可以得到庇護所人員的尊重，直到在大站的朝聖教堂或庇護所取得新護照代替爲止。我們的經驗是：可以準備一個防水透明硬套，特別收納這本朝聖護照，因爲它是每天必用的重要文件。假如你選擇只走最後一百公里路，這時候你的朝聖護照必須每天蓋上兩個印章，才有機會換取朝聖證書。

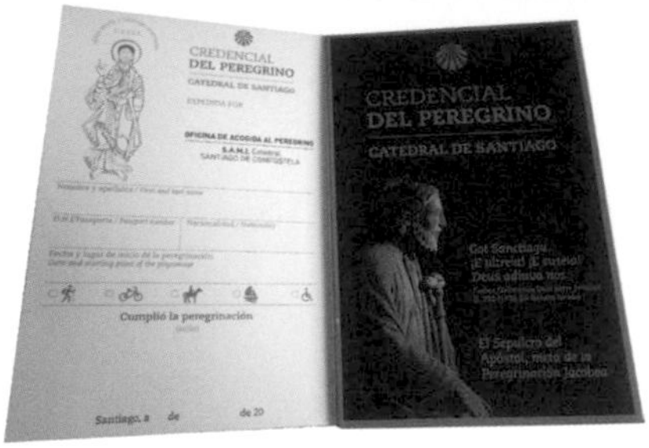

朝聖護照有以下三種方式取得，通常收取工本費 0 ～ 5 歐元不等，有的地區或旅遊服務中心會免費提供：

A）事前至西班牙境內的朝聖教堂或朝聖局服務中心取得

B）抵達起點站的庇護所，在報到時同時取得

C）海外地區用郵購方式取得

別忘了蓋上朝聖章

朝聖路上每一站的朝聖章樣式充滿藝術，你可以在沿途的酒吧及庇護所要求加蓋，沿途的朝聖教堂也提供自助式印章，讓朝聖者自行加蓋。第一次的朝聖章是由你取得朝聖護照的單位於內頁左上角蓋章，當你抵達聖地雅各時，最後一次的印章由聖地雅各朝聖局在內頁左下角加蓋日期章。朝聖護照內的折疊頁大約可以提供加蓋四十個朝聖章的空間。萬一朝聖護照紙本不夠用，你也可以用3M即時貼貼紙延伸空間，最好按時間序排列，有助於最後一天換取朝聖證書時輔助說明你的朝聖行程。

怎樣才能領取朝聖證書?

以朝聖護照起點站的印章，以及你所選擇路線的沿途庇護所印章爲主，朝聖章必須符合你的路線圖。只選擇走最後一百公里的朝聖者，請注意：網路上流傳說，至少行走一百公里路以上就可領到朝聖證書，這是完全錯誤的說法。不是隨便在朝聖路徑走上一百公里後蓋滿印章，然後，跳躍式地來到聖地雅各，就可以領取朝聖證書。**朝聖路的遊戲規則是，凡採取走路的朝聖者必須符合行走「倒數一百公里」而不是「至少一百公里」或「走滿一百公里」的原則**。換句話說，必須從距離聖地雅各一百公里外的起點開始行走，才能符合領取朝聖證書的要求。選擇行走「倒數

K.100
DIPUTACION
PROVINCIAL
LUGO

▍最後一百公里指標。

Amigos do Camiño de Santiago
Galega

30 05 08
ASOCIACIÓN RIOJANA DE AMIGOS DEL
CAMINO DE SANTIAGO
ALBERGUE DE PEREGRINOS
Tel. 941 260 234 - LOGROÑO

AREA DE DESCANSO
KM.108
VILEI
CAMINO DE SANTIAGO
Fecha:

一百公里」的朝聖者，必須在路線的起點站蓋上第一個朝聖章，接下來每天必須蓋有兩個朝聖印章，才符合要求。若是騎自行車，就必須騎滿倒數二百公里路，才符合要求。

切記，一旦選擇了行走的路線，中途也不可以搭車代步。若有此種行爲，自然無法拿到領取朝聖證書的入場券。特別是倒數一百公里路的朝聖者，很容易從你朝聖護照上的印章比對出端倪。

不論你是否爲基督徒，也不管你的信仰是什麼，一旦你的朝聖護照符合登載要求，服務人員會問及你的英文聖名①，再以拉丁文將名字書寫在朝聖證書上。如果沒有聖名也沒關係，他會以你朝聖護照上的名字書寫登錄，此份朝聖證書是免費的。不符合資格者，一樣可以三歐元另行購買「聖雅各朝聖里程證明」一紙。

1. 聖名：在成為基督徒後，天主教會讓你取一個聖人的名字，希望你能追隨聖人的精神。

新版朝聖護照（上立者）＋朝聖證書（下左）＋旅程證書（下右）。

二〇一六年前舊版的朝聖證書。

完美的朝聖步行，你需要……

一、挑選一個合適的朝聖背包

當你選擇朝聖背包時，需要考慮的因素是：

（A）需要多大的背包？

想帶多少東西出門、如何有系統地放進這個背包裡，這幾乎是朝聖者出發前很頭痛的困擾。以你體重的十分之一衡量背包的裝備重量，這是其中的一種方式，同時旅行天數的長短也影響背包重量的加減值。背包大小因用途而異，若你需要加帶露營用具，重量很快會超越，依目前庇護所的設置點，除非你選擇在熱門時段或是聖年期間行走，否則庇護所可以滿足住宿的要求，當然，也許你有露營的專業經驗，酷愛露營野地，那就另當別論，否則挑選一個適合你軀幹體型的背包是必要的。

一般來說，對東方旅行者而言，長途朝聖旅行，東西不宜過載，但一定要備齊，在人地生疏的地區抓瞎是挺傷荷包的。朝聖者每天有接近六至八小時的背載行走，背包的容量適當，相對於背負系統是比較容易平衡的，因此一個六十五至七十五公升的背包適合勝任這種挑戰。

附錄

（B）需要具備怎樣功能性的背包？

通常是與登山背包不太一樣，朝聖路有適當的停留點寄放背包，晚上出門逛街的機率不大。停留在庇護所只需要將背包擱置在床鋪上，不必太擔心被偷或被翻。一個有側邊拉鍊帶、有足夠空間可以置放水瓶，並且方便取用隨身物品的後背包很重要。一個合宜背包的多層口袋提供巒有用的功能，可方便分類存放，避免一團物品塞滿背包。在庇護所，幾乎每天晚上可見有人翻箱倒櫃找東西，最妙的是，每天都有不少人思考如何再減輕背包的重量。其次，背包的背負系統功能，要求厚實的背墊，而且吸汗排熱的功能及減壓效果要好。如果預算可以的話，網狀透氣結構的鬆軟背負系統是不錯的選擇。肩帶寬度及長短伸縮調整的功能，爲的是方便將重量級背包容易卸下，也可避免背起來不舒服。特別是每行走一小時休息時，方便將背包靠在路邊高點而不必卸下。無論如何，選用朝聖背包，一定得挑剔，一定要試背，感覺不舒服不要硬湊。一旦上路，才發現背了一個不舒服的背包，可眞的很累人。

（C）需要什麼樣的防護性背包？

背包顏色是一種緊急救援的辨識指標，特別是朝聖者單獨行走山中林間時，因此選用明顯色系而不是耐髒的顏色是基於安全考量。背包的內袋設計，可以提供一份安心的隱密存放空間。當然，每一次休息時，難免心急摔放背包，但這是很傷的做法，因爲在這種情況下背帶最容易斷裂，所以選用背包時，記得要檢查是否爲雙線車邊，各接縫點是否緊密，以確保它的安全防護性及防水性。

登機時背包的託運，馬虎不得，回程或許因任務完成，你並不在意。如果你是高檔背包，有些機場提供防護性包裝以託運背包，這可避免裝有骨架背負系統的背包受到運送傷害。至於在朝聖路庇護所提供的付費背包託運，仍必須提防運送中第三隻手的困擾。

二、循序漸進，鍛練體能

我們的建議是：

（1）事前二個月，最好每週開始準備越來越長的郊外散步，並搭配加重的背包，背包重量以個人體重的十分之一爲宜，同時試穿和行走這趟旅途預備使用的鞋子。

（2）出發前二星期進行每日短階段的行走，最好連續二至三個小時，尤其是最初的幾天。每隔一小時停止行走，至少休息五分鐘，讓腳部放鬆，並進用適當的食物以補充能量，建議以容易消化（果汁，穀物棒，糖果，新鮮水果，堅果等）的食物爲主。

（3）步行訓練最好只在上午，直到中午前，如能早起以避免天熱，那是再好不過。中午吃飯最好練習嚐試食用簡餐。

三、以健康的雙腳行走朝聖的步履

從體育醫學來看走路，可以找出很多的步行運動，其效益與方式，因各人的年齡與體能狀況，可以有不同的選擇。朝聖步行雖然是一種柔和的運動，但我們仍須提醒朝聖步履的正確方法。

腳，是天主賜給人類奇妙的禮物。人的腳是由二十六塊骨頭、二十塊肌肉、一百一十二條韌帶加上血管神經組成。它是人體結構上最可靠又簡便的一項傑作，無論生活中的走動，或是朝聖、健行與旅行、乃至登山活動，都需要有一雙健康的腳。

醫學報告給了現代人一個值得注意的訊息：人體的腳，如常行走崎嶇小徑則健康，如常走康莊大道則軟弱。當今，人的衰老普遍先從腳開始。在美國，每三個人之中就有一人腳部有毛病，推測與現代人少走路且過度依賴平坦的道路有關。如何好好保護雙腳，使它走出美妙的功能，並藉由朝聖走路重新思考你身、心、靈完整的健康性，同時藉由長距離的徒步移動，配合適度的節制飲食，以每天至少行走二十公里路的方式消耗體能，這是一種最迷人的心靈減壓和身體減重方法，也是行走朝聖之路的附加價值，讓人輕鬆擁有。

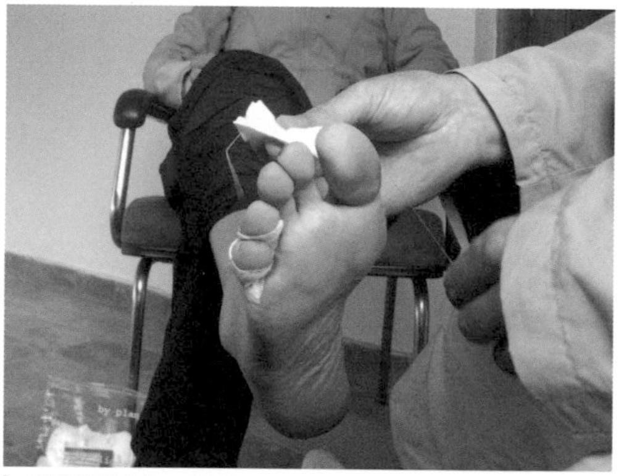

腳趾縫長水泡，好痛！

來自玻利維亞夫妻檔朝聖者中途小歇，自行換藥。

這些行動，全繫念於你寶貝的雙腳，如何走上漫長的朝聖路，不管夏與冬，走出平安的步伐，朝聖者必須留意以下的安全守則：

（1）保護雙腳，你必須愼選你的鞋與襪。挑鞋有三個原則：一是輕便，二是吸汗防水，三是合腳。十五天以上的行程，最好儲備一雙備用。襪子的選擇，取其保暖、吸汗，柔軟、透氣。行走平地山徑需要以純棉長筒襪爲宜。高山或低溫期，選擇長統棉質或羊毛襪，必要時可穿兩雙，以預防行走傷害。

（2）每天出門前，需先適度做好暖身運動，活動肢體，吐納呼吸，然後才從容展開腳步。下午抵達庇護所時，避免立刻沖冷水或熱水澡，可先將腳部做些按摩，然後再洗腳或泡泡腳。

（3）出門後，前半小時的步行，先採慢步速度，每分鐘約五十至七十步，其後再以中等速度行走，每分鐘男性八十至九十步，女性七十至八十步。有些平時習慣快步速度者，每分鐘約走一百二十至一百三十步，這是朝聖步行中實質效能最好的一種步速，流汗快速，興奮大腦效果最有感。

（4）進入中等速度行走時，最好獨行，集中精神，摒除雜念，儘量保持愉悅微笑的狀態。

（5）步行與休息時間要適度分配。最好每步行一個小時休息五至十分鐘。每二個小時休息十五至廿十分鐘。必要時，脫下鞋襪，若有水源洗洗腳更好。

（6）上坡時，以整個腳底一起落地，緩行登步，以膝蓋的力量帶動腳步向前跨，這種動作對背大背包的朝聖者特別重要。下坡時一步一步採慢行速度行走，注意指標，以免走錯路線。

（7）夏天行走，容易出汗，隨時準備好更換上衣。在步行中，若感覺嘴唇發紫或出現臉色蒼白、盜汗現象，應該馬上停止腳步，找陰涼角落休息，並請求其他朝聖者協助。朝聖路在緊急狀態的情況下，仍有救護車的緊急救援，朝聖者若感到極度疲勞而出現身體不適時，應當機立斷，停止前進，馬上休息。

特別注意的是，一旦採行快走，在停止前進時宜緩衝慢步，最好三至五分鐘左右才完全停止腳步進入休息。若在中午日正當中時行走，更要注意突然中止的腳步，可能會造成頭暈目眩甚至低血壓、心跳緩慢等症狀。這種可能由於血管性迷走神經反射所產生的情況，偶而會引發意外，如休克症狀，這是其中令人擔心的事故。此外，應戴好大帽子，最好可以遮到耳朵及後脖子，防晒油亦不可少。

致謝辭

寫完這本書，總有耐人尋味的感恩與友誼。

這本書從發想到完成，感念驟然辭世的魏道柔女士，她與高齡可敬的周君茜女士，同為基督活力運動的長者，是我信仰之路的開導者，謝謝您們四十年的友誼關心，也為這一本書帶來敬畏真理與朝聖生命的美好意義。

特別謝謝基督教長老教會的盧許麗香女士一直默默給予支持，她對 Camino 期許與鼓勵如同她的慷慨與仁慈，讓這本書充滿友誼的感恩旋律。

謝謝輔仁大學宗教學研究所蔡怡佳指導教授、天主教劉振忠總主教、中華道明會黃金昆神父、耶穌會陸達誠神父、加爾默羅修會彭志順神父、香港聖神修院神哲學院黃錦文神父、博愛基金會歐晉仁執行長以及跨越宗教友誼的童話屋媽媽會，這上上下下都有許多值得我深深感恩與致意。

感謝總編輯徐仲秋小姐，慈心接納這主題的寫作與協助；感謝鍥而不捨的編輯陳芳怡小姐和美編 Neko 小姐，間接讓朝聖足跡驚奇地呈現在紙上。

最後特別感恩本書照片中一起走過 Camino 的朝聖夥伴和女兒 Teresa，以及沈鴻南老師補充了西文勘正與建言，他們對本書的迴響貢獻不少。

謝謝這一群好朋友的陪伴，這份友誼將會帶著喜樂持續留在我心。

Bienvenido Benedicto!!!
A SANTIAGO
BAR
SANTIAGO DE COMPOSTELA 790
101camino@gmail.com
Paul ken

XACOBEO
2010
SANTIAGO
C-SANTIAGO
信仰は健康の泉
La foi, source de santé.
الإيمان مصدر الصحة
La fede, fonte della salute
신앙은 건강의 샘
The faith, fountain of health
101camino@gmail.com
101camino@gmail.com
101camino@gmail.com

國家圖書館出版品預行編目資料

一個人的 Camino：從觀光客到朝聖者的心靈盛宴／
陳壄作 . -- 二版 . -- 臺北市：星火文化 -, 2018.12
面；　公分 . -- (為愛旅行 ; 4)
ISBN 978-986-95675- 5- 8(平裝)

1. 朝聖 2. 遊記 3. 西班牙

746.19　　107020372

爲愛旅行 04

一個人的 Camino：從觀光客到朝聖者的心靈盛宴

作　　者　陳壄
封面設計及內頁排版　Neko
總　編　輯　徐仲秋
出　　版　星火文化有限公司
台北市衡陽路七號八樓
營運統籌　大是文化有限公司
業務．企畫　業務經理林裕安　業務助理馬絜盈．王德渝
行銷企畫汪家緯　美術編輯張皓婷
讀者服務專線 02-23757911 分機 122
24 小時讀者服務傳真 02-23756999
香港發行　里人文化事業有限公司“Anyone Cultural Enterprise Ltd”
地 址：香港 新界 荃灣橫龍街 78 號 正好工業大廈 22 樓 A 室
22/F Block A, Jing Ho Industrial Building, 78 Wang Lung Street,
Tsuen Wan, N.T., H.K.
Tel ：(852) 2419 2288　Fax ：(852) 2419 1887
Email: anyone@biznetvigator.com
印　　刷　韋懋實業有限公司

■2018 年 12 月二版　Printed in Taiwan
ISBN 978-986-95675- 5- 8　定價／ 340 元